Richter und Rechtsprechung.

Von

Dr. Adelbert Düringer,
Reichsgerichtsrat.

Das Urteil soll gerecht sein
und verständig.
Bolze.

Leipzig
Verlag von Veit & Comp.
1909

Erweiterter Sonderabdruck

aus

Festschrift der Juristischen Gesellschaft in Leipzig

zur

500 jährigen Jubelfeier
der Universität Leipzig.

Druck von Metzger & Wittig in Leipzig.

Inhalt.

I

Rechtsfindung. Wie kommt ein Urteil zustande? Die richterliche Entscheidung als Rechtsschöpfung. Der praktische Erfolg des Urteils. Interessenabwägung.

Wenn mich ein Nicht-Jurist fragen würde, ob ich „ein Anhänger einer freien Rechtsfindung sei“, nämlich einer solchen Rechtsprechung, welche möglichst frei von formalen und doktrinären Schranken dem materiellen Rechte, der als natürlich empfundenen und allgemein verstandenen Gerechtigkeit zum Siege verhelfen will, so würde ich unbedenklich antworten: ja.

Würde dagegen ein gelehrter Jurist, der in der neueren Literatur gut Bescheid weiß, die gleiche Frage an mich richten, so könnte ich wohl mißtrauisch werden und müßte zunächst die Gegenfrage an ihn richten, was er denn unter „freier Rechtsfindung“ verstehe.

„Freie Rechtsfindung“ ist bereits ein Schlagwort geworden, unter welchem sich diejenigen, die es gebrauchen, recht verschiedenes denken.[1]

Die freie Rechtsfindung in dem eingangs erwähnten Sinne ist ein Postulat, ein Ideal, dem wir nachstreben sollen, ja dem wir nachstreben müssen, mögen wir wollen oder nicht, weil wir Kinder unserer Zeit sind, und unsere Zeit eine freie Rechtsfindung im richtig verstandenen Sinne gebieterisch fordert. Sie ist nicht eine besondere neue Methode der Gesetzesauslegung, nicht eine plötzlich entdeckte neue Wahrheit oder Erkenntnis, sondern sie ist das charakteristische Gepräge einer Rechtsprechung, welcher unsere moderne Gesetzgebung die Wege geebnet hat, und die sich als Folge unserer mehr als früher auf das Praktische, das wirtschaftlich Brauchbare gerichteten Lebensauffassung mit Notwendigkeit entwickelt und durchsetzt. Unfruchtbare theoretische Gelehrsamkeit, ideale Spekulationen und Konstruktionen, die zu keinem oder zu einem unpraktischen realen Ziele führen, haben in unserer Zeit

[1] Vgl. Mitteis, Deutsche Juristenzeitung 1909 S. 1038.

eines hochentwickelten Konkurrenzkampfes innerhalb und außerhalb der nationalen Begrenzung keine Existenzberechtigung. Ebensowenig entspricht es der modernen Auffassung, die Form lediglich um der Form willen festzuhalten, ohne Rücksicht auf den mit ihr verfolgten lebendigen Zweck.[1] Der Formalismus tötet, der Geist macht lebendig. Mit der fortschreitenden Erkenntnis unserer Daseinsbedingungen, wie sie uns durch die Fortschritte der Naturwissenschaften, der technischen und der Sozialwissenschaften vermittelt ist, sind wir zu einem Realismus[2] geführt, der sich unaufhaltsam auch in der Rechtsprechung Geltung verschafft. Man mag gewisse Begleiterscheinungen dieses Realismus beklagen oder bekämpfen. Aber niemals wird es gelingen, das von ihm beherrschte moderne Denken und Fühlen zu der Auffassung früherer Jahrhunderte zurückzuschrauben.[3] Dabei sei keineswegs die hohe und vornehmste Aufgabe der Rechtsprechung verkannt, das auch im Kampfe und Widerstreit der materiellen Interessen sich durchsetzende ethische Prinzip eines gesunden und notwendigen Altruismus und die aus ihm sich entwickelnden idealen Gesichtspunkte: Wohlanstand, Treu und Glauben, gute Sitten in Handel und Wandel, zur Geltung zu bringen.

Anstatt aller Theorien, die man für eine möglichst vollkommene Rechtsprechung aufstellen mag, sei hier zunächst einmal untersucht, wie denn ein richterliches Urteil, welches Recht schafft unter den Beteiligten, eigentlich zustande kommt. Das ist häufig ein sehr komplizierter Vorgang!

Jedes Urteil, auch das objektivste, ist ein menschliches Produkt und trägt als solches einen subjektiven individuellen Charakter. Es wird von Menschen Recht gesprochen und Menschen sind keine Maschinen und keine Automaten. Die richterlichen Urteile sind auch keine ausschließlichen Produkte einer bestimmten geistigen Tätigkeit z. B. des Verstandes, sondern für sie gilt in erster Reihe der Satz „in pectore judex".[4]

Man verzeihe, wenn ich im folgenden mehrfach in der ersten Person

---

[1] Danz, Deutsche Juristenzeitung 1909 S. 286.

[2] Brütt, Die Kunst der Rechtsanwendung S. 98 ff.

[3] „Das deutsche Volk in seinen entscheidenden und führenden Elementen ist praktischer geworden, als es bisher gewesen, und mannigfache soziale Auffassungen, die dem Herkommen nach begründet waren, sind erschüttert." Warschauer, Die banktechnische Ausbildung der Juristen, Berlin 1900, S. 13.

[4] Vgl. Gmelin, Deutsche Richterzeitung 1909 S. 95.

rede. Es geschieht nicht aus Vorliebe für die eigene. Aber es kommt mir darauf an, die subjektive Seite bei der Entstehung eines Urteils hervorzukehren.

Wenn mir ein „Fall" vorgetragen ist, oder wenn ich ihn auf Grund der Akten studiert habe, so habe ich von ihm einen bestimmten Eindruck, ähnlich, wie wenn ich ein Buch gelesen oder mir ein Theaterstück angesehen habe. Und aus diesem Eindruck ergibt sich unwillkürlich und meistens sofort mein erstes bestimmtes Urteil: Diese Partei hat Recht, jene Unrecht. Es ist der Ausdruck meines Rechtsgefühls. Es ist der ersten Diagnose des Arztes vergleichbar, der den Patienten untersucht hat. Dabei urteile ich keineswegs, wie Fuchs annimmt,[1] als Laie, ebensowenig als der Arzt am Krankenbett jemals als Laie urteilt oder auch nur urteilen kann. Sondern ich urteile mit meinem durch Rechtskenntnis und praktische Erfahrung entwickelten Verständnis. Wenn ein Landwirt auf Vertragserfüllung klagt, weil ihm der Nachbar auf Ehrenwort versprochen habe, ihm ein Grundstück zu bestimmtem Preis zu verkaufen und sein Versprechen nicht halten will, so bin ich mir von vornherein darüber im klaren, daß die Klage abzuweisen ist, weil der Vertrag wegen Formmangels nichtig ist. Oder wenn ein Bankier klagt, weil sein Kunde, ein Gutsbesitzer, jahrelang den Gewinn aus Börsengeschäften eingestrichen hat, nun aber, da er verloren habe, sich weigert die Differenz zu zahlen, so weiß ich von vornherein, daß der Anspruch des Bankiers voraussichtlich nicht durchzusetzen ist. Als Laie hätte ich in beiden Fällen wohl anders geurteilt. Der Richter kann sich überhaupt nicht beliebig in einen Laien umwandeln und dann wieder in einen Juristen. Er urteilt nach Maßgabe seiner ganzen Persönlichkeit, und diese Persönlichkeit ist beeinflußt durch seine Kenntnis, seine Lebens- und Berufserfahrung; diese sind ein Bestandteil seiner Persönlichkeit geworden.

Habe ich mir ein Urteil gebildet, so suche ich nach den Gründen. Mein erstes Urteil ist nur ein vorläufiges. Es kann sein, daß ich es korrigieren, beschränken, völlig aufgeben muß. Die rationes dubitandi sind nicht in allen Fällen vorhanden, aber doch in den meisten; denn es wird doch immer die Ausnahme sein, daß es jemand ohne allen Grund zu einem Prozeß kommen läßt. Gewisse Momente konnte in

---

[1] Holdheims Monatsschrift 1908 S. 162.

der Regel auch die mit Recht verurteilte oder abgewiesene Partei für sich geltend machen. Ich sehe dabei von den Fällen ab, in denen die Gründe zur Prozeßführung nicht in der Sache liegen, wie z. B. wenn der säumige Schuldner nur Zeit gewinnen will. Jedenfalls sind bei den Prozessen, die sich in den höheren Instanzen, insbesondere beim Reichsgericht abspielen, immer gewisse Zweifel gegeben. Nur ganz ausnahmsweise kommt das Revisionsgericht in die unangenehme Lage sich sagen zu müssen: diese Revision hätte nicht eingelegt werden sollen.

Der Satz, daß man sich zuerst ein Urteil bildet und dann nach den Gründen sucht, klingt etwas parador. Aber schon der alte Bartolus hat es so gemacht und der hochverdiente Präsident des österreichischen Reichsgerichts in unseren Tagen nicht anders.[1] Auch habe ich schließlich nicht viel dagegen einzuwenden, wenn mir jemand psychologisch nachweist, daß es doch umgekehrt sei, daß die Gründe, wenn auch unbewußt, schon vor dem Urteil als die tieferen und unerkannten Triebfedern da seien. Ebenso scheint mir der Streit müßig, ob das Urteilen mehr auf dem Gebiet des Intellekts oder mehr auf dem des Willens gelegen ist (Intellektualismus gegen Voluntarismus). Die Frage wird hier nur deshalb gestreift, weil von den Schriftstellern, welche sich mit der „freien Rechtsfindung" beschäftigen, das Urteil als Willensakt, als Tat besonders betont wird. Manche glauben, indem sie diesen zweifellos richtigen Satz aufstellen, selbst eine große Tat zu tun. Ich bin der unmaßgeblichen, manchen gelehrten Häusern vielleicht unwissenschaftlich erscheinenden Auffassung, daß man wohl auf dem Papier, in tiefgründigen philosophischen Betrachtungen Willen und Intellekt scheiden kann, da das Papier bekanntlich sehr geduldig ist, daß diese Funktionen unserer Geistestätigkeit aber derart ineinander eingreifen und sich wechselseitig bedingen und beeinflussen, daß auch hier das unbewußte Leben im Organismus des einzelnen unendlich viel reicher, tiefer und wohl auch komplizierter ist, als unsere Theorien ergründen können.

Die Zweifel und Bedenken, die, bevor ich zu meinem endgültigen Urteile gelange, zu überwinden sind, oder welche für dasselbe schließlich ausschlaggebend werden, können sehr verschiedener Art sein. Liegen sie auf tatsächlichem Gebiete, so muß ich die von den Parteien etwa angebotenen Beweise erheben und bei ihrer Anordnung über die Beweislast

[1] Vgl. Unger, Deutsche Juristenzeitung 1906 S. 786 Fußnote.

im klaren sein. Ich muß wissen, von welcher Seite ich die nötige Aufklärung zu verlangen habe. Dabei urteile ich wieder als Jurist; denn die Verteilung der Beweislast ist eine Rechtsfrage und zwar eine Frage des materiellen Rechts. Häufig besteht das Urteil in einer Würdigung des Beweisergebnisses, in der Bildung oder Ablehnung einer Überzeugung über rein tatsächliche Vorgänge, aus denen sich die Entscheidung des Rechtsfalles von selbst ergibt. In anderen Fällen ist sowohl Tat- als Rechtsfrage zu entscheiden. Die einfachen Fälle, in welchen die Anwendung des Gesetzes ohne weiteres die Lösung der Rechtsfrage gibt, sind — wenigstens in den höheren Instanzen — recht selten. So klar und durchdacht ein Gesetz sein mag — gegenüber der Vielgestaltigkeit der Lebensverhältnisse kann es nur Richtlinien geben; seine Anwendung auf den einzelnen Fall erfordert die selbständige, freie Tätigkeit des Urteilenden. Es ist ein unbestreitbares Verdienst eines Geny, Ehrlich und anderer, das Dogma von der Vollkommenheit und Lückenlosigkeit des Gesetzes gründlich widerlegt zu haben. Übrigens hat das Reichsgericht schon in seiner Entscheidung vom 2. Februar 1889 (I 332/88)[1] dieser Erkenntnis treffenden Ausdruck verliehen:

„Es ist eine für den Gesetzgeber nicht erfüllbare Aufgabe, jedes allgemeine Gesetzesprinzip mit solcher Klarheit in einem Satze auszusprechen, daß sich aus diesem Satze durch einfache Schlußfolgerung die Konsequenzen für alle besonders gearteten, von dem betreffenden Prinzipe beherrschten Fälle entwickeln lassen. Es ist ferner nicht die Aufgabe des Gesetzgebers, für jedes sich gestaltende Lebensverhältnis eine besondere Norm zu setzen. Es ist schließlich nicht des Gesetzgebers Sache, an alle juristisch-technisch möglichen Formen zu denken, vermöge welcher (einer Rechtsprechung, welche an dem Buchstaben des Gesetzes haftet, gegenüber) die Ziele des Gesetzes vereitelt werden könnten. Es ist vielmehr Sache der Jurisprudenz und vor allem Pflicht der (die Jurisprudenz mit unmittelbar in die Lebensverhältnisse eingreifender Kraft betätigenden) Judikatur, die . . . Grundprinzipien des Gesetzes zutage zu fördern und auf die im Leben hervortretenden, im Gesetz nicht besonders hervorgehobenen unter das betreffende Prinzip fallenden Fälle anzuwenden . . .“

[1] Vgl. Bd. 24 S. 49 der Entscheidungen in Zivilsachen.

Auf die Stellung des Richters zum Gesetz soll in dem folgenden Abschnitt eingegangen werden. Hier bleibe ich zunächst bei dem Thema, die Stadien nachzuweisen, die ein Urteil durchlaufen muß, damit es Recht schafft unter den Beteiligten.

Bin ich Einzelrichter (Amtsrichter), so verkünde ich mein Urteil, wenn es in mir zur Vollendung gekommen ist. Bin ich Kollegialmitglied, so trage ich mein Votum vor. Und nun hat sich in der Seele jedes einzelnen Mitvotanten derselbe komplizierte Vorgang zu wiederholen, den ich eben geschildert habe, nur daß durch die Vorarbeit des Referenten der eine oder andere Zweifel von vornherein beseitigt sein mag und ein bestimmter Weg für die Entscheidung angegeben wird. Da die menschlichen Gehirne aber verschieden konstruiert sind, da Erfahrung, Lebenseindrücke, Individualität, Kenntnisse bei den einzelnen Mitgliedern des Kollegiums in verschiedenem Maße ausgeprägt sind, so ergibt sich fast bei allen nicht ganz einfachen Fragen auch eine Verschiedenheit der Auffassung. Sie kommt in der Beratung und in der demnächstigen Abstimmung zum Ausdruck. Darüber noch in einem späteren Abschnitt. Hier ist darauf hinzuweisen, daß wenn der Einzelrichter oder das Kollegium in erster Instanz gesprochen hat, man noch lange nicht weiß, was unter den Beteiligten Rechtens ist. Wird von den Rechtsmitteln Gebrauch gemacht, so wiederholt sich der angedeutete Vorgang der Urteilsfindung beim Oberlandesgericht und beim Reichsgericht. Bis ein Rechtsstreit mit einem revisiblen Streitwerte rechtskräftig in den Instanzen entschieden ist, haben mindestens 21 Juristen ihn studiert und sich ein Urteil über ihn bilden müssen! Sechs Instanzanwälte, fünfzehn Richter! Häufig aber ist die Zahl noch viel größer. So wenn der Rechtsstreit infolge von Teil- oder Zwischenurteilen, in einzelnen Abschnitten entschieden wird, oder wenn die höhere Instanz aufgehoben, zurückverwiesen hat, und die Sache dann vor einem anders besetzten Kollegium verhandelt wird. Über einen größeren Prozeß, der einige Jahre in den Instanzen schwebt, haben sicher zwei bis drei Dutzend Juristen sich den Kopf zerbrochen — eine unsinnige Verschwendung von Kraft und Arbeit, die häufig ganz außer Verhältnis steht zu dem erzielten Resultate.

Über die Rechtskraftwirkung der Urteile — die materielle, die formelle, die „Reflexwirkung“ auf dritte Beteiligte usw. — wird in der prozeßrechtlichen Literatur ein lebhafter Streit geführt.[1] Es braucht hierauf nicht eingegangen zu werden. Auch mit der konventionellen Theorie von der deklaratorischen Natur des Urteils will ich mich nicht auseinandersetzen. Ich bitte die Sache hier von einem anderen Standpunkt aus zu betrachten, nämlich von dem rein praktischen. In allen Prozessen, in denen es sich nicht um eine bloße Betreibung handelt, wo vielmehr die eigentliche Bestrittenheit eines Rechts in Frage steht, wird man sagen müssen: Erst das rechtskräftige, unanfechtbare Urteil schafft das Recht unter den Parteien; vorher bestand es nicht, oder war in seinem Bestand völlig in Frage gestellt. Von diesem Gesichtspunkt aus hat Wildhagen auf die rechtserzeugende Wirkung des richterlichen Urteils hingewiesen, wenn er ausführt:[2]

„Es ist eine bei Juristen und Nichtjuristen viel verbreitete Vorstellung, daß das jeweilig geltende Recht für jeden einzelnen Streitfall die Entscheidung — wenn auch hier und da tief verborgen — fertig bereit hält, und daß es die Aufgabe des Richters nur ist, aus diesem unerschöpflichen Vorrate, die für den einzelnen Fall gegebene Entscheidung richtig herauszufinden und damit das gegebene Recht lediglich „anzuwenden". . . . Nichts ist verfehlter als solche Vorstellungen. Sie verkennen die wirkliche Lage der Dinge, wie sie sich dem nüchternen und unbefangenen Beobachter darbietet. Der Richter und **nur** der Richter **bildet** schließlich erst für den einzelnen Streitfall das Recht. Jeder, der einen Prozeß führt, muß erfahren — mag er noch so viele Gesetzesparagraphen, Kommentare, Reichsgerichtsentscheidungen u. a. m. für sich haben —: Recht in seinem Falle ist, was der letzte Richter sagt. . . . Nach der herrschenden Anschauung ist der Richter sich dieser rechtsschöpferischen Bedeutung meist nicht bewußt. Er glaubt lediglich der Diener einer höheren Macht zu sein. Tatsächlich ist er kraft seines Amtes der Machthaber, der in dem einzelnen Falle durch seine Entscheidung das Recht diktiert." . . .

Ist das Ende eines Prozesses erreicht, liegt ein rechtskräftiges Urteil vor, eine eigentliche Rechtsschöpfung, die Recht schafft unter den Beteiligten, so ist die Aufgabe der an der Urteilsfindung Beteiligten in

---

[1] Vgl. die Literaturangabe in Seufferts Kommentar zur Zivilprozeßordnung § 322 und bei Pagenstecher im Jahrbuch für Verwaltungsrecht 1907 S. 334 ff.

[2] Vgl. Leipziger Zeitschrift für Handels-, Konkurs- und Versicherungsrecht, Jahrgang 2 S. 484 ff.

der Regel erfüllt. Ich sehe dabei von den relativ seltenen Fällen ab, in welchen das Urteil mit den außerordentlichen Rechtsmitteln, mit Restitutions- oder Nichtigkeitsklage angefochten wird.

Welche Wirkung, welche Bedeutung das Urteil tatsächlich erlangt, ob die neue Rechtsschöpfung Leben und Bestand hat, wie sie auf die einzelnen, wie sie möglicherweise auf weitere Kreise wirkt — das entzieht sich in den meisten Fällen der Kenntnis des Richters. Ein rechtskräftiges richterliches Urteil kann auf Jahrzehnte, ja auf Jahrhunderte hinaus bestimmte Rechtsverhältnisse ordnen. Es ist ebensogut möglich, daß es überhaupt pro nihilo ergangen ist, oder schon nach ganz kurzer Zeit infolge Veränderung der Verhältnisse oder infolge der Disposition der Parteien außer Wirksamkeit tritt. Es kann sein, daß es eine Tragweite erlangt, die bei seinem Erlaß in keiner Weise vorausgesehen war, daß es Existenzen gründet oder vernichtet, daß es geschäftliche Unternehmungen zur Blüte bringt oder ruiniert, daß es die Grundlage für Geschäftsgewohnheiten oder für gesetzliche Maßnahmen bildet. Es kann aber auch sein, daß es ein Schlag ins Wasser ist, daß das ganze Resultat mühsamen jahrelangen Prozessierens nur ein wertloses Blatt Papier ist.

Ein gewissenhafter Richter wird sich immer bemühen, den möglichen oder voraussichtlichen Erfolg seines Urteils, soweit er dazu in der Lage ist, in Betracht zu ziehen. Dies wird ihn einerseits davor bewahren, seine Tätigkeit zu überschätzen; es wird in anderen Fällen sein Verantwortlichkeitsgefühl erhöhen. In jedem Fall aber wird es seinen Blick für das Praktische und Wesentliche schärfen und erweitern. Hier tritt uns ein Vorzug entgegen, den die Tätigkeit des Rechtsanwalts vor derjenigen des Richters voraus hat, und der geeignet ist, dem ersteren in der Auffassung des praktischen Lebens vor dem Richter einen Vorsprung zu gewähren. Dem Rechtsanwalt sind meistens sowohl die Geburtswehen eines Prozesses bekannt, als auch kann er das Schicksal des erstrittenen Urteils weiter verfolgen. Er gewinnt gerade dadurch für die Einschätzung der in einem Prozeß auf dem Spiele stehenden Werte und Interessen häufig ein richtigeres Verständnis. Der Richter mag in manchen Fällen einem Prozeß außerordentlich viel Fleiß und Interesse entgegenbringen; die beteiligten Rechtsanwälte wissen aber im voraus, daß, wie immer die Entscheidung ausfällt, ihr Erfolg vereitelt werden kann. Vielleicht haben die Parteien schon im voraus für jede Eventualität ihre Vorkehrungen getroffen. Ich halte es deshalb für verkehrt, wenn von Vertretern der sog. „freien Rechtsfindung" verlangt wird, daß der Richter *grundsätzlich* bei der Urteilsfindung *unter Abwägung der Werte und Interessen* entscheiden soll. Das ist für den Richter in der überwiegenden Mehrzahl der Fälle nach dem Ausgeführten eine *tatsächliche Unmöglichkeit*, weil er sie überhaupt mit Sicherheit nicht übersehen kann. Stellen sie sich doch vielfach erst im Stadium der Realisierung des Urteils oder der Zwangsvollstreckung heraus. In sehr vielen anderen Fällen würde bei Befolgung dieser Methode anstatt eines Rechtsspruchs eine *Opportunitätsentscheidung* herauskommen. Der Politiker, der Verwaltungsbeamte, der Bankdirektor mag bei der Entscheidung von Rechtsfragen, die häufig an ihn herantreten, diese Interessenabwägung vornehmen. Der Richter ist dazu grundsätzlich nicht in der Lage. Aber der berechtigte Kern, der in diesem Verlangen enthalten ist, darf doch nicht verkannt werden. Er trifft die Fälle, in denen der Richter das Ergebnis des Prozesses zu beurteilen vermag. Das Urteil soll nicht nur gerecht sein, sondern auch verständig. Es soll auch ein *sachgemäßes Resultat* dabei herauskommen. Gewöhnlich ist bei Urteilen, bei denen der Richter zu der Überzeugung gelangt, daß ihre Realisierung zu absurden oder unbefriedigenden Resultaten führt, irgend etwas nicht in Ordnung, mögen sie auch noch so gut durch Paragraphen oder Präjudizien gestützt sein. Ja häufig wird man gerade aus der Perplexität des zu erwartenden Resultates erkennen, daß ein angewandter Rechtsgrundsatz falsch ist, falsch sein *muß*, eben deshalb, weil er zu unmöglichen praktischen Ergebnissen führt.

II

Stellung des Richters zum Gesetz. Gesetzgeberische Funktion der Rechtsprechung. Präjudizien- und Materialienkultus. Englisches Vorbild.

Über das Verhältnis des Richters zu dem Gesetz ist in den letzten Jahrzehnten außerordentlich viel und zum Teil Vortreffliches geschrieben worden.[1] Ich glaube das meiste zu kennen und bitte im voraus um Entschuldigung, wenn etwa der eine oder andere juristische

---

[1] Ausführliche Literaturangabe siehe bei *Oertmann*, Gesetzeszwang und Richterfreiheit (Leipzig 1909) S. 44 ff.

Schriftsteller einen Gedanken findet, den er selbst in gleicher oder ähnlicher Weise schon ausgesprochen hat. Ich beanspruche für meine Ausführungen keine Erfinderrechte, erhebe auch nicht den Anspruch vollständig oder erschöpfend zu sein. Im Gegenteil werde ich hier von vornherein eine Reihe von Betrachtungen ausschalten, die eigentlich zum Thema gehören.

Zunächst stelle ich die ganze hergebrachte Lehre von der Auslegung der Gesetze, der grammatischen, der logischen, dem argumentum e contrario, der Gesetzesanalogie, der Rechtsanalogie hier beiseite. Sie hat m. E. nicht allzuviel praktischen Wert. Jedenfalls wird man dadurch, daß man in den hierüber herrschenden Theorien Bescheid weiß, noch keineswegs ein guter Interpret des Gesetzes.

Auch bei der Erörterung der Stellung des Richters zum Gesetz finde ich manche Berührungspunkte mit den Vertretern der „freien Rechtsfindung". Aber wie im ersten Abschnitt hinsichtlich der Interessenabwägung, so muß ich auch hier ihren radikalen Standpunkt ablehnen.

„Der Richter steht unter dem Gesetz. Niemand bestreitet das."[1] Wenn man häufig den Satz hört, der Richter sei ein „Diener des Gesetzes",[2] so lasse ich auch diesen Ausdruck gelten, sofern dabei nur nicht an ein Unterordnungs- und Abhängigkeitsverhältnis, mit dem Beigeschmack der Unterwürfigkeit und Ergebenheit gedacht wird, sondern an ein Verhältnis gemeinsamer Dienstleistung für einen gemeinsamen Zweck. Gesetzgebung und Gesetzesanwendung sind gleichwertige Gewalten und Funktionen des Staates. Früher bei einfacheren Staatsorganismen meistens in einer Hand vereinigt, sind sie in unserem ausgebildeten Verfassungsleben getrennten Organen zugewiesen. Aber obwohl nunmehr eine grundsätzliche und äußerlich scharf hervortretende Scheidung der beiden Gewalten durchgeführt ist, bringt es ihre funktionelle Betätigung vielfach mit sich, daß die eine in das Gebiet der anderen eingreift. Eine wechselseitige ununterbrochene Ergänzung der Gesetzgebung durch die Rechtsprechung, aber auch der Rechtsprechung durch die Gesetzgebung erscheint bei der unausgesetzten Bewegung, in welcher sich alle Lebensverhältnisse befinden, in gewissem Maße notwendig.

Zweierlei drängt sich m. E. bei der Betrachtung der deutschen Verhältnisse auf diesem Gebiete auf.

---

[1] Vgl. Fuchs in Holdheims Monatsschrift 1907 S. 184.

[2] Krug, Sächs. Archiv 1908 S. 28.

Einmal der Umstand, daß wir an einer Überproduktion von Gesetzen leiden. Es ist eine längst überwundene Auffassung, daß man durch die Vielheit und Detailliertheit der Gesetzesbestimmungen (kasuistische Gesetzgebung) die Rechtssicherheit fördere. Genau das Gegenteil ist der Fall. Je mehr Gesetze, je mehr Detailbestimmungen in den Gesetzen desto mehr Zweifel über ihre Auslegung, desto mehr Kontroversen, desto mehr Prozesse, desto größere Rechtsunsicherheit. Es gibt fast keine Gesetzesbestimmung, über die nicht in irgend einer Richtung gestritten werden kann. Der einfache Satz des BGB. in § 126:

> Ist durch das Gesetz schriftliche Form vorgeschrieben, so muß die Urkunde von dem Aussteller eigenhändig durch Namensunterschrift .... unterzeichnet sein,

hat seiner Zeit in der juristischen Literatur eine überaus lebhaft diskutierte Streitfrage darüber entfacht, was unter dem „eigenhändig" zu verstehen sei, wenn ein Vertreter im Namen des Vertretenen unterzeichnet. Nach Verkündung des Urteils des I. Zivilsenats des Reichsgerichts vom 21. Dez. 1901 [1] äußerte sich ein ihm jetzt nicht mehr angehörendes dissentierendes Mitglied: „Man muß daran verzweifeln, daß es möglich ist, sich in deutscher Sprache zweifelsfrei auszudrücken; denn nunmehr ist anerkannt, daß der ‚Aussteller' der Urkunde sie auch ‚fremdhändig' unterzeichnen kann." Wer etwa des Glaubens war, daß mit dem Inkrafttreten des BGB. die zahlreichen Kontroversen des früheren Rechtszustandes beseitigt seien, der mußte eine herbe Enttäuschung erleben. Allerdings hat das BGB. zahlreiche ältere Streitfragen entschieden, aber es hat zu einer Unzahl von neuen Anlaß gegeben. Es ist wie mit den Köpfen der lernäischen Schlange. Je mehr Gesetze man macht, um Streitfragen aus der Welt zu schaffen, je mehr neue werden provoziert, die schließlich nur durch eine konstante Rechtsprechung gelöst werden können. Deshalb halte ich es auch für verfehlt, wenn von manchen Seiten auf eine völlige Umarbeitung unserer relativ jungen Gesetze z. B. der Zivilprozeßordnung, oder auch des BGB. selbst hingearbeitet wird. Die Gesetzgebung mag eingreifen, wo sich in der Praxis entschiedene Mängel gezeigt haben, oder wo die Rechtsprechung zu Ergebnissen gelangt ist, die unerträglich sind. Aber je mehr Zurückhaltung und Vorsicht dabei geübt wird, desto besser.

---

[1] Vgl. Bd. 50 S. 56 und Lehmann, Die Unterschrift im Tatbestand der schriftlichen Willenserklärung, Bonn 1904.

Der eben berührte Mißstand hängt mit dem zweiten aufs engste zusammen.

Ich habe den Eindruck, als ob die Stellung des Richters zu dem Gesetz in deutschen Landen vielfach zu subaltern aufgefaßt würde, als ob bei den deutschen Richtern und Gerichtshöfen eine zu geringe Einschätzung ihrer Aufgabe vorherrsche. Manche Richter blicken zu dem Gesetzgeber auf, wie zu einer Art Vorsehung[1], dessen Weisheit sie unbedingt vertrauen, dessen Worte und Motive sie ängstlich ausdeuten und zur alleinigen Richtschnur ihres Urteils machen.[2] Die Richter scheinen sich der rechtserzeugenden Funktion ihrer Erkenntnisse vielfach nicht genügend bewußt. Sie sind daher zu ängstlich bei jeder Weiterbildung und Weiterentwicklung des Rechts, obwohl diese doch von den Bedürfnissen des praktischen Lebens geradezu gebieterisch gefordert wird. Es ist die wichtigste Aufgabe des Richters, das Gesetz dem Leben anzupassen. In dieser Hinsicht handelt er im Sinne und Geist des Gesetzes, wenn er unbeabsichtigte Härten des Gesetzes ausgleicht, unvollkommene Gedanken desselben ausbaut oder das Gesetz Erscheinungen gegenüber zur Geltung bringt, an die der Gesetzgeber nicht gedacht hat, die er aber zweifelsohne seiner Regelung unterworfen hätte, wenn sie ihm vorgelegen hätten. Dies geschieht auch tatsächlich. Wir können es täglich in der Rechtsprechung, insbesondere der des Reichsgerichts, nachweisen. Allerdings ist die Vorschrift des § 1 des Entwurfs zum BGB.:

> Auf Verhältnisse, für welche das Gesetz keine Vorschrift enthält, finden die für rechtsähnliche Verhältnisse gegebenen Vorschriften entsprechende Anwendung. In Ermangelung solcher Vorschriften sind die aus dem Geist der Rechtsordnung sich ergebenden Grundsätze maßgebend —

---

[1] „Das Gesetz ist ein Stück irdischer Vorsehung und es hat reichlich an sich erfahren, wie beschränkt, wie schwach, wie trügerisch dieselbe ist.... Weder die Einsicht noch die Macht der Gesetzgebung reicht an das wirkliche Rechtsleben heran. Das abstrakte stumme Gebot des Gesetzes vermag der vielgestaltigen Bewegung des menschlichen Gemeinwesens nicht Herr zu werden. Das vermag es erst im Bunde mit der lebendigen Macht eines unmittelbar ins Leben eingreifenden Willens.... Nicht das Gesetz, sondern Gesetz und Richteramt schafft dem Volk sein Recht." Bülow, Gesetz und Richteramt, Leipzig 1885.

[2] Vgl. hierzu meinen Aufsatz in der Deutschen Richterzeitung 1909 S. 47, Mainhard ebenda S. 89.

von der II. Kommission gestrichen worden.[1] Aber gleichwohl ist sie geltendes Recht. Die ganze Auslegung des Gebrauchsmusterschutzgesetzes aus den verwandten Bestimmungen des Patentgesetzes beruht auf diesem Prinzip. Ebenso hat das Reichsgericht das nicht näher geregelte Verfahren in Patentberufungssachen „gesetzgeberisch" durch seine Judikatur festgelegt. Die Lehre von den sog. positiven Vertragsverletzungen, die Anerkennung der allgemeinen Unterlassungsklage aus absoluten Rechten, die Lehre von der Unanfechtbarkeit der Beitrittserklärung bei Gründung oder Kapitalserhöhung der Aktiengesellschaft sind gleichfalls Beispiele der gesetzgeberischen Funktion der Rechtsprechung, die sich beliebig vermehren ließen.

Andererseits wird aber der Gesetzgeber vielfach erst durch die Ergebnisse der Rechtsprechung zu einem Eingreifen veranlaßt, sei es, daß die Rechtsprechung eine Lücke des Gesetzes nachweist, zu deren Ausfüllung sie sich außerstande erklärt, sei es, daß sie in Anwendung des Gesetzes zu Resultaten gelangt, welche dem Rechtsempfinden oder dem praktischen Bedürfnisse so sehr widersprechen, daß sofortige Abhilfe notwendig wird. Ich verweise auf das Eingreifen des Gesetzgebers hinsichtlich der Frage der widerrechtlichen Entziehung von Elektrizität, oder auf die Novellen zu § 809, jetzt § 929 ZPO. oder zu § 833 BGB., welche direkt durch die Rechtsprechung veranlaßt sind. Auch hierfür läßt sich eine Reihe weiterer Beispiele namentlich auch aus der einzelstaatlichen Gesetzgebung anführen. Aus jüngster Zeit kommt die Frage der Bestandteilseigenschaft der Maschinen in Fabriken usw. in Betracht, für deren Lösung gesetzgeberisches Eingreifen gefordert wird, falls die Rechtsprechung nicht von sich aus zu befriedigenden, d. h. den praktischen Bedürfnissen entsprechenden Resultaten gelangen sollte.

Für das Maß, in welchem Gesetzgebung und Rechtsprechung sich wechselseitig zu ergänzen haben, sind zur Zeit feste Normen noch nicht gefunden. Die gesetzgeberische Funktion der Rechtsprechung tritt in Frankreich viel mehr als bei uns in den Vordergrund.[2] In England

---

[1] Wohl infolge der an ihr geübten Kritik, vgl. Hölder, Archiv für die zivilistische Praxis Bd. 73 S. 8 ff.

[2] Mit Recht wird von Fuchs, Mainhard u. a. darauf hingewiesen, daß die französische Rechtsprechung es verstanden hat, die ganze Materie der Bekämpfung des unlauteren Wettbewerbes aus den wenigen Bestimmungen des Code civil über Delikt und Quasidelikt abzuleiten; vgl. den geistvollen Aufsatz von O. Meyer in Goldschmidts Zeitschr. Bd. 26 S. 363 ff.

besteht das common law wesentlich aus dem in den Präjudizien niedergelegten Recht.[1] Dieses System hat den Vorzug, daß den in stetem Flusse befindlichen Bedürfnissen des Verkehrs schneller Rechnung getragen werden kann. In Deutschland hat man sich m. E. viel zu sehr daran gewöhnt, nach dem Gesetzgeber zu rufen und von ihm alles Heil zu erwarten. Ob die bestehende Rechtszersplitterung, ob das ungenügende Ansehen der Gerichte, ob Mängel der Rechtsprechung hieran Schuld tragen, mag dahin gestellt bleiben. Im allgemeinen wird man sagen können: je besser es die Rechtsprechung versteht, das geltende Recht den wenig wechselnden Erscheinungen des Lebens anzupassen, je weniger wird es notwendig, die komplizierte Gesetzgebungsmaschine in Bewegung zu setzen. Auch ein mangelhaftes Gesetz kann bei verständiger Anwendung seinen Zweck erreichen. Andererseits stellt mitunter erst die konsequente Durchführung eines Gesetzes seine Unbrauchbarkeit oder Schädlichkeit heraus. Ich verweise auf das Börsengesetz von 1896, dessen Handhabung ein überaus lehrreiches Vorbild für die richtige Grenzbestimmung der gesetzgeberischen Funktion der Rechtsprechung bietet, auf die sofort einzugehen ist (vgl. S. 19). Freilich werde ich mit diesem Beispiel auf den heftigen Widerspruch der noch unversöhnten Gegner der reichsgerichtlichen Judikatur auf diesem Gebiete stoßen.

Die rechtsbildende Bedeutung der Rechtsprechung ist auch von dem Gesetzgeber selbst in gewissem Umfange ausdrücklich anerkannt und geregelt. Das Urteil entscheidet allerdings nur den einzelnen Fall. Aber hinsichtlich der damit entschiedenen Rechtsfrage wird in § 28 Abs. 2 FGG., § 137 GVG. den dort genannten Entscheidungen eine Art partieller Gesetzeskraft beigelegt. Sie sind vorbehaltlich einer weiter einzuholenden Entscheidung des Reichsgerichts oder des Plenums des Reichsgerichts bindend, und zwar im Falle des § 28 für jedes Oberlandesgericht, im Falle des § 137 für jeden Senat des Reichsgerichts, dem die gleiche Rechtsfrage unterbreitet wird. Auch abgesehen hiervon kommt den richterlichen Erkenntnissen vielfach eine weit über die Entscheidung des einzelnen Falles hinausragende Bedeutung zu. Das Urteil über eine interessante, zweifelhafte Frage wird in den Fachzeitschriften veröffentlicht und Gegenstand wissenschaftlicher Diskussion. Es wird

---

[1] Vgl. Hatschek, Englisches Staatsrecht §§ 15 ff.

häufig Vorbild und Anregung zu der gleichen Entscheidung anderer Gerichte über dieselbe Frage. Dies hat auch seine Berechtigung, ist insbesondere im Interesse der Einheitlichkeit der Rechtsprechung gelegen.

Wie man übrigens auch vom theoretischen oder doktrinären Standpunkt hierüber denken mag, im Hinblick auf das tatsächliche Ergebnis muß man eine rechtsschöpferische Funktion der Rechtsprechung nicht nur für den konkreten Fall und unter den Beteiligten (vgl. Abschnitt I), sondern auch über den Prozeß hinaus anerkennen. Und in dieser letzteren Richtung übt sie „eine gesetzgeberische Funktion". In ihr liegt auch der Schwerpunkt und die Bedeutung der reichsgerichtlichen Judikatur.[1] Zugleich auch ihre besondere Schwierigkeit. Der erkennende Senat des Reichsgerichts muß sich bei der Entscheidung einer Rechtsfrage immer klar darüber sein, daß sie (vorbehaltlich einer einzuholenden Plenarentscheidung) auch die übrigen Senate bindet. Er muß sich bewußt sein und sich Rechenschaft darüber geben, was sie für das ganze Rechtssystem bedeutet. Und gerade dies ist bei großen und komplizierten Gesetzgebungswerken, wie es unser BGB. oder unsere Prozeßordnungen sind, oft schwer übersehbar.

Wenn hier von einer „gesetzgeberischen Funktion" der Rechtsprechung gesprochen wird, so soll damit der Richter keineswegs grundsätzlich als Gesetzgeber anerkannt werden.

Darin eben unterscheidet sich die hier vertretene Auffassung von der „freien Rechtsfindung" eines Gnäus Flavius und anderer.[2] Die gesetzgeberische Funktion der Rechtsprechung darf **erstens** immer nur eine subsidiäre, eine das Gesetz ergänzende sein, und sie darf **zweitens** niemals zu dem erkennbaren Willen und Zweck des Gesetzes in Widerspruch treten. Denn letzterenfalls würde sie die ihr absolut gezogenen Grenzen überschreiten und sich eine Macht usurpieren, die verfassungsmäßig anderen Organen der Staatsgewalt übertragen ist. Auf die staatsrechtlichen Bedenken, welche der „freien Rechtsfindung" in dieser Richtung entgegenstehen, sobald sich der Richter für berechtigt hält, seine individuelle Auffassung gegen Zweck und Willen des Gesetzes zur Geltung zu bringen, hat Stier-

[1] Die gesetzgeberische Funktion der reichsgerichtlichen Judikatur wurde bei den Verhandlungen über den Sitz des Reichsgerichts besonders betont (vgl. Reichstagsdrucksachen I. Session 1877 Nr. 62).

[2] Vgl. Gnäus Flavius, Der Kampf um die Rechtswissenschaft S. 41.

Somlo[1] überzeugend hingewiesen. Sie würde einen richterlichen Absolutismus heraufbeschwören, eine Willkürherrschaft, die wir auf anderen Gebieten glücklich überwunden haben.

Ich exemplifiziere auf die Rechtsprechung des Reichsgerichts in Börsensachen auf Grund des Gesetzes vom 22. Juni 1896. Sie hat seinerzeit eine Hochflut von juristischer Literatur und einen wahren Sturm gegen den von dem höchsten Gerichtshof bei Auslegung des Gesetzes eingenommenen Standpunkt entfesselt. Das nach überaus heftigen Kämpfen der streitenden Interessengruppen zustande gekommene Gesetz war ein Tendenzgesetz. Die börsenfeindliche Richtung hatte den Sieg errungen und war in ihm zum Ausdruck gelangt.[2] Das Gesetz erwies sich aber bei der praktischen Durchführung in vielfacher Hinsicht als unklar, widerspruchsvoll, lückenhaft. Bei der Auslegung, welche ihm von der der Börse nahe stehender Seite, insbesondere hinsichtlich der sog. Nachlieferungsgeschäfte, gegeben wurde, wäre es ein Schlag ins Wasser gewesen; seine Bestimmungen hätten nur auf dem Papier gestanden und wären durch geschickte Geschäftsbedingungen der Beteiligten völlig außer Kraft gesetzt worden. War das Reichsgericht befugt, von sich aus diese Auslegung zu sanktionieren, vielleicht deshalb, weil es die Bestimmungen des Börsengesetzes für volkswirtschaftlich schädlich erachtete, oder weil die sieben Mitglieder des „erkennenden Senats" zufällig in politischer Hinsicht auf Seite der börsenfreundlichen Parteien standen? (Tatsächlich befanden sich in dem I. Zivilsenate, dem die Rechtsprechung in Börsensachen zugewiesen ist, Angehörige der verschiedensten Parteien.) Sollte von der Zusammensetzung dieses Richterkollegiums von der politischen oder volkswirtschaftlichen Anschauung seiner Mitglieder die Entscheidung eines Kampfes abhängen, in welchem sich in- und außerhalb des Parlamentes die Macht- und Stärkeverhältnisse der Parteien erprobt hatten? Das Vertrauen in die Rechtsprechung des höchsten Gerichtshofes müßte vollkommen erschüttert werden, wenn er in derartigen Fällen für seine Entscheidungen eine andere Richtschnur nehmen wollte, als den ihm aus dem Gesetz und seinen Vorarbeiten erkennbaren Willen und Zweck des Gesetzgebers. Das Reichsgericht hat sich auf den allein richtigen und notwendigen Stand-

[1] Stier-Somlo, Das freie Ermessen in Rechtsprechung u. Verwaltung in der Festgabe für Laband. Tübingen 1908.

[2] Vgl. Düringer-Hachenburg, Kommentar z. HGB. Bd. 3 S. 250, 256 ff.

punkt gestellt, daß es die Bestimmungen des Börsengesetzes im Sinne seiner Urheber ausgelegt hat. Der Wille und Zweck des Gesetzgebers, nicht die subjektiven Ansichten der Mitglieder des Richterkollegiums mußten für seine Entscheidung maßgebend sein.

Ein anderes Beispiel aus der jüngsten Rechtsprechung meines Senats. In Nr. 3 des Schlußprotokolls zur Berner Übereinkunft zum Schutz von Werken der Literatur und Kunst ist das Einverständnis der vertragschließenden Staaten darüber festgelegt, daß die Fabrikation und der Verkauf von Instrumenten, welche zur mechanischen Wiedergabe von Musikstücken dienen, die aus geschützten Werken entnommen sind, nicht als den Tatbestand der Nachbildung darstellend angesehen werden sollen. Dieser Grundsatz wurde auch in das deutsche Urheberrechtsgesetz vom 19. Juni 1901 aufgenommen mit Rücksicht auf die durch statistische Nachweise belegten großen materiellen Interessen der deutschen Musikwerke-Industrie trotz des heftigen Widerspruchs der weiter beteiligten Interessentengruppen der Komponisten und der Verleger. Das Gesetz (vgl. § 22) enthält aber eine Ausnahme hinsichtlich derjenigen Instrumente, „durch die das Musikwerk hinsichtlich der Stärke und Dauer des Tones und hinsichtlich des Zeitmaßes nach Art eines persönlichen Vortrags wiedergegeben werden kann". Bei ihnen sollte unbefugte Nachbildung angenommen werden können. Die Gerichte hatten die Frage zu entscheiden, ob Phonographen unter diese zuletzt bezeichneten Instrumente fallen. Jede Partei, Kläger wie Beklagte, glaubte für ihre Auffassung sich auf das Gesetz berufen zu können. Das Landgericht bejahte, das Kammergericht verneinte die Frage. Konnten die Gerichte hier von sich aus eine „Interessenabwägung" zwischen Komponisten, Verlegern, Fabrikanten vornehmen? Und wie verschieden hätte sie ausfallen müssen, je nachdem der eine Richter mehr das ideale Kunstinteresse, der andere mehr die wirtschaftlichen Gesichtspunkte und die Konkurrenz des Auslandes betont hätte. Nur die Entstehungsgeschichte der Gesetzesbestimmung und der aus ihr zu entnehmende Zweck der Vorschrift konnte den sicheren Maßstab für die Entscheidung bieten, welche zugleich zweifelsohne der zur Zeit in Vorbereitung befindlichen Novelle zum Urheberrechtsgesetz eine bedeutsame Grundlage bietet.

So hoch hiernach die Aufgabe des Richters zu fassen ist, so sehr sowohl die rechtsschöpferische als die gesetzgeberische Funktion der Rechtsprechung zu betonen ist, sie darf sich immer nur in den Richtlinien bewegen, welche ihr die Gesetzgeber vorgezeichnet haben. Nur dann ist sie frei und unabhängig von den Meinungen der Parteien, nur dann ist sie der rocher de bronze in unserem Rechtsleben, auf dessen festes Fundament nicht nur die Könige bauen, sondern auch das Volk mit unerschüttertem Vertrauen sich verlassen kann.

Wille und Zweck des Gesetzgebers sind nicht immer aus seinen Bestimmungen ohne weiteres klar. Mit Recht benutzt der Jurist, der sich in Zweifelsfällen hierüber Gewißheit verschaffen will, die Vorarbeiten des Gesetzes, seine Motive, die bei der parlamentarischen Verhandlung im Plenum und in den Kommissionen gepflogenen Verhandlungen und Erörterungen. Es ist mir unverständlich, daß gerade Vertreter der sog. freien Rechtsfindung, welche einer „soziologischen" Rechtsprechung das Wort reden, gegen die Benutzung der Gesetzesmaterialien eifern. Ist doch in ihnen meistens eine ganze Fülle soziologischer Gesichtspunkte niedergelegt, die die Auffassung und die Kenntnisse des einzelnen, der zur Gesetzesanwendung berufen ist, in der Regel weit übersteigen. Aber allerdings ist bei der Benutzung der Gesetzesmaterialien große Vorsicht geboten. Sie haben keinerlei Gesetzeskraft, und derjenige geht fehl, der sie mit gläubigem Autoritätsgefühl hinnimmt oder sich in nicht geeigneten Fällen aus ihnen die Entscheidung holt, die er selbst zu treffen die Pflicht hat. Die Gesetzesmaterialien können nur den Charakter eines Instruktionsmittels über die Entstehung und den Zweck der Gesetzesvorschrift beanspruchen. In dieser Beziehung müssen sie in ihrer Gesamtheit und ihrem Zusammenhang gewürdigt werden. Auch sind ihre einzelnen Bestandteile ungleichwertig. Der sorgfältig vorbereiteten Motivierung, welche der Gesetzentwurf von den ursprünglichen Bearbeitern im Reichsjustizamt oder in den Ministerien gefunden hat, kann die gelegentliche Äußerung eines Abgeordneten oder eines Regierungsvertreters in der Kommission oder im Plenum nicht gleichgestellt werden. Sie ist häufig durch den Lauf der Debatte veranlaßt, mehr das Ergebnis der momentanen Eingebung als sorgfältiger Überlegung. Aber wegen der Fehlgriffe, zu denen eine ungeschickte Verwertung der Materialien Anlaß geben kann und zweifelsohne schon öfter Anlaß gegeben hat, ihre Benutzung schlechterdings und in allen Fällen auszuschließen, heißt doch das Kind mit dem Bade ausschütten. Die „freie Rechtsfindung" verfährt auch hier radikal, nach der Methode des Doktor Eisenbart, welcher seinem Patienten das ganze Bein abnimmt, um die kleine Zehe zu kurieren.

Treffend sagt Danz:[1]

„Das einzige Mittel, wodurch bei der Auslegung der Gesetze der Umfang der Geltung einer konkreten Vorschrift bestimmt werden kann, ist die Beachtung des Zwecks, der mit ihr verfolgt wird; nach ihm ist stets die Frage, ob eine Vorschrift gerade auf den konkreten Tatbestand Anwendung findet oder nicht, zu entscheiden. Überall, wo dieses Zurückgehen auf den Zweck nicht erfolgt, liegt Buchstabeninterpretation vor, die sinnlos und ohne jeden Aufwand von Nachdenken die Worte in der gewöhnlichen Bedeutung auffaßt."

Auch die Verwertung der Gesetzesmaterialien darf nur zu dem Behufe erfolgen, den Zweck der Gesetzesvorschrift zu ermitteln.

Dann ist aber m. E. nicht einzusehen, warum diese Verwertung nicht in den Gründen der Entscheidung zum Ausdruck gebracht werden sollte. Es wird dies allerdings nur ausnahmsweise nötig sein; es geschieht aber auch nur ausnahmsweise. An Entscheidungen, wie den oben erwähnten über den Schutz der Komponisten gegenüber der Wiedergabe ihrer Werke durch den Phonographen, haben nicht nur die Parteien, sondern haben alle beteiligten Kreise — die Komponisten, die Verleger, die Musikwerkfabrikanten — ein großes Interesse. Sie haben auch ein Recht darauf zu erfahren, welche Erwägungen für die höchstrichterliche Entscheidung ausschlaggebend waren. Diese Erkenntnis ist schließlich auch von großer Bedeutung für die gesetzgeberischen Faktoren, welche auf der durch die Judikatur geschaffenen Grundlage weiter bauen.

Es ist nicht zu leugnen, daß, obwohl hinsichtlich der Einschätzung der Materialien eigentlich kaum große Meinungsverschiedenheiten bestehen, gleichwohl mit ihrer Verwertung in der Praxis recht häufig gesündigt wird. Der Richter, der gewöhnt ist, sich ausschließlich aus dem Gesetze die Weisung für seine Entscheidung zu holen, ist nur allzusehr geneigt, wo dieses Hilfsmittel versagt, den nahegelegenen bequemen Weg zu den Gesetzesmaterialien zu suchen und zu finden. Dabei besteht die besondere Gefahr, daß Äußerungen der Motive oder der bei der Gesetzgebung Beteiligten für Auffassungen verwertet werden, für welche sie gar nicht bestimmt waren, daß indirekt aus ihnen Schlüsse gezogen werden, die

[1] Rechtsprechung nach der Volksanschauung und nach dem Gesetz (in Iherings Jahrb. 54 S. 1ff.).

nicht beabsichtigt wurden, daß Scheingründe aus ihnen entnommen und verwertet werden, die dem eigentlichen Zweck des Gesetzes und seiner ungezwungenen Anwendung auf den konkreten Fall widersprechen.[1]

Was von der Benutzung der Materialien gilt, ist auch von der Verwertung der Präjudizien zu sagen. Die heutzutage so beliebte allgemeine Publizität der gerichtlichen Entscheidungen mag im großen und ganzen ebenso belehrend als anregend wirken und die Einheitlichkeit der Rechtsprechung fördern. Sie bringt aber auch schwere Gefahren mit sich. Auch sie verleitet den unselbständigen oder bequemen Richter, anstatt selbst die ihm vorliegende Frage durchzudenken und zu entscheiden, sich auf das Präjudiz zu verlassen. Recht häufig wird dabei den konkreten Verhältnissen nicht genügend Rechnung getragen. Kein Prozeß ist dem anderen vollständig gleich; die kleinste tatsächliche Nuancierung kann eine abweichende Beurteilung rechtfertigen.

Man hat in den letzten Jahren vielfach die englische Rechtsprechung der deutschen als Vorbild hingestellt; man hat das „Imperium" der englischen Richter auch gegenüber dem Gesetz als das zu erstrebende Ideal bezeichnet und ohne weiteres verlangt, daß die deutschen Richter anstatt das BGB. und seine Nebengesetze anzuwenden, salomonische Urteile fällen sollten für welche die Vernunft, der „bon sens", die „equity"[2] die eigentliche Rechtsquelle wäre. Daß aber die landläufige Vorstellung von der „freien Rechtsschöpfung" des englischen Richters und ihrem Zusammenhang mit dem Präjudiziensystem falsch ist, hat Mendelsohn in seinem Werke[3] nachgewiesen. Die englische Rechtsprechung ist nur in ihrem Zusammenhang mit der ganzen Organisation der englischen Justiz zu verstehen und zu erklären. Eines müßten wir allerdings zuerst von den praktischeren Engländern und ihren Einrichtungen lernen. Während bei uns alles darauf zugeschnitten ist, die Prozeßsucht zu wecken, anzureizen, zu fördern und auszubilden — relativ niedere Kosten, endlose Prozesse mit Parteibetrieb, unbeschränkte Rechtsmittel durch drei Instanzen, — haben es die lebensklugen Engländer

---

[1] Auch das Reichsgericht hat sich m. E. von diesem Vorwurf nicht überall freigehalten; vgl. die Kritik der Entscheidung I 293/03 (Bd. 56 S. 196) bei Düringer-Hachenburg Bd. 1 § 27 Anm. 11 S. 272, ferner der Entscheidungen I 131/07 u. III 11/08 in der Leipziger Zeitschrift für Handelsrecht usw. Jahrgang 3 S. 210.

[2] Vgl. Hatschek a. a. O. S. 148.

[3] Das Imperium des Richters. Straßburg 1908.

verstanden, durch die entgegengesetzten Maßnahmen dem Publikum die Lust am Prozessieren möglichst zu verleiden. Und wie das englische Volk über diesen Punkt denkt, das beweisen am besten die englischen Sentenzen „Lawyers' houses are built on the heads of fools" und „To go to law is the art of cutting one's throat with a pen". Solche Übertreibungen sind selbstverständlich cum grano salis zu verstehen. Aber die darin enthaltene Lebensweisheit entspricht viel mehr einer nüchternen Betrachtung der Dinge, als wenn man den Prozeß, den „Kampf ums Recht", als die „Behauptung der Persönlichkeit", als die „Poesie des Charakters" preist.[1] Das sind überstiegene Phrasen, die das wirkliche Leben täglich in zahllosen Fällen Lügen straft.

III

Rechtsprechung und Verkehrssitte. Weltfremdheit der Richter. Wissenschaftliche und doktrinäre Jurisprudenz, Laien als Richter.

Zu den wichtigsten Bestimmungen des ganzen Bürgerlichen Gesetzbuches gehören zweifelsohne die §§ 157 und 242. Es ist das Verdienst von Danz[2], die große und ausschlaggebende Bedeutung der Verkehrssitte für die Auslegung der Rechtsgeschäfte und der Normativbestimmungen der Gesetze immer und immer wieder betont zu haben. Danz ist ein energischer Gegner des sog. Willensdogmas d. h. jener Theorie, welche bei Auslegung des rechtsgeschäftlichen Verhaltens einer Person auf die Erforschung und Feststellung ihres inneren Willens den Schwerpunkt legt und diesen als den Grund aller rechtsgeschäftlichen Wirkungen anerkennt. Jedes Rechtsgeschäft hat seine spezifische Bedeutung nur für den Rechtsverkehr, den Verkehr der Menschen untereinander. Und hier kann nicht der rein psychologische, innere Vorgang des Wollens, sondern erst der in irgend einer Weise in die Erscheinung tretende, also der erklärte Wille von rechtserheblicher Bedeutung werden. Nicht der ungeäußerte innere Wille, sondern der geoffenbarte Wille ist daher die Grundlage

---

[1] Vgl. Jhering, Der Kampf ums Recht S. 41.

[2] Vgl. Danz, Laienverstand und Rechtsprechung, Jena 1898; derselbe, Die Auslegung der Rechtsgeschäfte. 2. Aufl., Jena 1906; derselbe, Rechtsprechung nach der Volksanschauung und nach dem Gesetz, Jena 1908.

des Rechtsgeschäfts. Erst durch seine Erklärung wird der Wille zur Tat.[1]

Die Auslegung der Willenserklärungen, insbesondere der zahllosen stillschweigenden Willenserklärungen, die im Verkehr täglich und stündlich abgegeben werden,[2] hat nach der Verkehrssitte zu erfolgen. Die Verkehrssitte ist eine gleichsam unsichtbar, aber ununterbrochen sprudelnde Rechtsquelle. Sie ist es nicht erst infolge der Vorschriften des BGB. geworden, sondern sie es zu allen Zeiten gewesen, insbesondere auch da, wo sie der Gesetzgeber selbst nicht anerkannte; denn sie ist die notwendige, wenn auch als solche nicht immer erkannte Begleiterin jeder gesetzlichen Regelung des Rechtslebens. Sie ist zur Ergänzung des Gesetzes ebenso notwendig wie zur Ergänzung der Willenserklärungen des einzelnen. Sie vollzieht diese Funktion „selbsttätig", unabhängig von dem Willen und Wissen der Beteiligten. Wer im menschlichen Verkehr lebt, der ist hinsichtlich der Beurteilung seiner Willenserklärungen der Verkehrssitte unterworfen. Auf seine eigene Kenntnis der Verkehrssitte kommt es nicht an. Ihre Normen sind ebensosehr Rechtsnormen wie die Bestimmungen der Gesetze. Ja sie sind stärker als die gesetzlichen Normen, weil das Gesetz, wenigstens für den rechtsgeschäftlichen Verkehr, selbst ihre Anwendung und Berücksichtigung in erster Reihe fordert. Und die meisten Bestimmungen des Gesetzes sind überhaupt nichts anderes als „kodifizierte Verkehrssitte".

Um aber die Willenserklärungen der Parteien, die Rechtsgeschäfte, in denen sich Handel und Wandel vollzieht, richtig nach der Verkehrssitte zu beurteilen, muß der praktische Jurist die Verkehrssitte kennen und verstehen. Damit komme ich auf ein Kapitel zu sprechen, über das in den letzten Jahren gleichfalls überaus viel geredet und geschrieben worden ist — die angebliche Weltfremdheit der Richter.

Ich gehöre nicht zu den Juristen, welche ihren Standesgenossen und damit sich selbst unausgesetzt nnd unter allen Umständen Weihrauch streuen. Wenn der Vorwurf der Weltfremdheit von den verschiedensten Seiten in so intensiver Weise erhoben wird wie heutzutage, und wenn

---

[1] Das BGB. nimmt zu dem Streite der sog. Willenstheorie und der Erklärungstheorie keine ganz klare Stellung ein. Danz glaubt allerdings seine Bestimmungen ausschließlich für die Erklärungstheorie verwerten zu können; vgl. dagegen Maningk, Willenserklärung und Willensgeschäft, 1907.

[2] Vortreffliche Beispiele s. bei Danz a. a. O.

uns Erkenntnisse beigebracht werden, welche sich in der Tat nur aus dieser Weltfremdheit erklären lassen, so wollen wir immerhin zugeben, daß die Rechtsprechung dieser Vorwurf in gewissem Maße trifft. Ich habe auch schon an anderer Stelle auf die Erklärung für diese Erscheinung hingewiesen.[1] Die deutsche Rechtsprechung läuft nach der spezifisch fachwissenschaftlichen Behandlung, welche sie in den letzten Jahrzehnten erfahren hat, Gefahr, eine rein gelehrte Rechtsprechung zu werden, die der Laie nicht mehr versteht, die auch die Verhältnisse des Lebens hinter den Ergebnissen der „Doktrin" zurücksetzt und die Erkenntnis jener, die doch die Hauptsache bleibt, vernachlässigt. Ich unterscheide zwischen einer doktrinären Rechtsprechung und einer wissenschaftlichen. Das sind freilich Schlagwörter; aber ihr Sinn ist doch ohne weiteres verständlich. Für die erstere Methode ist die aus Quellenstudium, juristischen Konstruktionen und Spekulationen entwickelte Doktrin das leitende, allein maßgebende Prinzip. Eine wissenschaftliche Rechtsprechung schöpft aus allen Quellen menschlicher Erkenntnis, in erster Reihe aber aus den Erscheinungen des Lebens, die zu erforschen und auf ihren juristischen Gehalt zu prüfen sie sich zur Aufgabe macht. Die doktrinäre Justiz schwört in verba magistri, auf die Ansicht angesehener Lehrbücher oder Kommentare und hält es für notwendig, sich mit der „herrschenden Meinung" im Einklang zu befinden. Die wissenschaftliche Justiz frägt nach dem praktischen Resultate einer Rechtsauffassung und prüft, ob dieselbe mit dem Zwecke des Gesetzes und den Bedürfnissen des Lebens im Einklang steht. Begünstigt wurde die doktrinäre Richtung durch die Notwendigkeit, einen ungeheuren Gesetzgebungsstoff, welcher uns vielfach zuerst durch Theoretiker vermittelt wurde, zu bewältigen. Was der deutsche Juristenstand in den letzten Jahrzehnten während der Einführung der Reichsjustizgesetze, des Bürgerlichen Gesetzbuchs und seiner Nebengesetze, sowie zahlreicher durch die außerordentliche Entwicklung von Handel, Industrie, Technik, Kunstgewerbe usw. notwendig gewordener Spezialgesetze alles zu leisten hatte — das werden vielleicht erst künftige Generationen vollgerecht würdigen. Angesichts der Anforderungen, welche die moderne Gesetzgebung an jeden einzelnen an der Rechtspflege Beteiligten stellte, lief man nach den Lehrbüchern, den Kommentaren, den Monographien, und so ergab sich die unvermeidliche Folge, daß

[1] Vgl. Recht 1907 S. 1033, Deutsche Juristenzeitung 1909 S. 875.

Bücherweisheit und Büchergelehrsamkeit die erste Folge der neugeschaffenen Rechtseinheit waren. Wenn demgegenüber eine starke Reaktion einsetzt, welche die Juristen von der Gelehrsamkeit und der Studierstube weg in das praktische Leben ruft, so ist diese Bewegung nur zu begrüßen. Sie wird um so wirksamer sein, je mehr sie sich von Übertreibungen, von einseitiger und ungerechter Beurteilung unserer Rechtsprechung fern hält.

Daß man speziell den Richtern Weltfremdheit vorwirft und darüber klagt, das hat noch einen anderen Grund, der dem richterlichen Beruf wahrlich nicht zur Unehre gereicht. Der Mangel an „Welt", an praktischer Lebenserfahrung wird nämlich bei keinem Beruf stärker empfunden als bei dem richterlichen, weil er gerade, wie kein zweiter, Welt- und Lebenskenntnis erfordert und voraussetzt. Es wird niemand einfallen, darüber zu klagen, daß ein Dichter, ein Musiker, ein Bildhauer weltfremd ist. Sie leben in ihrer Welt, in ihren Idealen. Hier ist die Weltfremdheit fast als Tugend geschätzt. Auch den typischen „deutschen Professor", bei dem man an einen Philologen oder Philosophen oder theoretischen Mathematiker denken mag, können wir uns ohne ein Stück spezifischer Weltfremdheit kaum vorstellen. Im Gegensatz dazu verlangt man aber von dem Richter, daß er im Leben steht und das Leben kenne. Ja, man mutet ihm vielfach die Unmöglichkeit zu, in allen Lebens-, Berufs- und Geschäftsbranchen orientiert zu sein und überall und allenthalten die Sprache, die Anschauung, die Gewohnheiten, kurz die Verkehrssitte zu kennen, welche diesen einzelnen Zweigen menschlicher Tätigkeit und Zusammengehörigkeit eigentümlich sind. Damit wird natürlich der Bogen überspannt und der erhobene Vorwurf ein absolut ungerechter.

Was folgt nun aus diesem Zustand der Dinge? Soll man etwa dafür eintreten, daß der Richter alle Wissenschaft überhaupt beiseite setze, alles Systematische nnd Theoretische überhaupt verachte? Oder ist man berechtigt, wie es geschehen ist, von einem „Bankerott der wissenschaftlichen Jurisprudenz" zu reden?

M. E. sind in unserer Gesetzgebung, speziell bei unserem bürgerlichen Gesetzbuch, allerdings die Theoretiker zu viel, die Praktiker zu wenig zur Geltung gekommen. Denn auch bei ihrer aktiven Beteiligung sind die Männer der Praxis vielfach von vornherein geneigt, sich hinter die Vertreter der Wissenschaft zu stellen. Diese, welche ihre Kraft ausschließlich der Theorie widmen können, welche zur Vertiefung in literarische Arbeiten die erforderliche Zeit haben und haben müssen, sind an präsenten Kenntnissen den Praktikern häufig überlegen. Daraus resultiert auch die vielfach bemerkte Geringschätzung mancher Gelehrter gegenüber dem Praktiker, auf die ich hier nicht eingehen will. Die literarische Behandlung der Rechtsprobleme liegt gleichfalls vorwiegend in der Hand der Theoretiker. Für den jungen Dozenten ist die literarische Betätigung zwar nicht immer ein inneres Bedürfnis, aber jedenfalls ein äußeres. Will er einen Ruf erhalten, so muß er seinen Anspruch darauf durch wissenschaftliche Arbeiten belegen. Daß hier nicht überall erste Kräfte am Werke sind, wird gerade in akademischen Kreisen erkannt, welche sich gegen die Mittelmäßigkeiten zu schützen suchen. Häufig haben solche juristische Schriftsteller die Praxis überhaupt nicht kennen gelernt, sich vielmehr lediglich in der Vorbereitungszeit zwischen dem ersten und zweiten Examen in unselbständiger und unverantwortlicher Stellung mit den Aufgaben der Praxis beschäftigt. Sie verwerten daher in ihren Schriften nicht irgendwelche praktischen Erfahrungen, nicht eine aus dem unmittelbaren Eindruck des Lebens geschöpfte Anschauungsweise, sondern ihre Arbeiten sind lediglich Produkte ihres logischen Denkens, ihres größeren oder geringeren Scharfsinns in der Ausdeutung der Gesetze und ihrer Materialien, in der Aufsuchung und Ausgestaltung juristischer Konstruktionen und Theorien oder in der Wiedergabe oder Widerlegung juristischer Lehrmeinungen. Aus solchen zum Teil überaus scharfsinnigen und gedankenreichen Arbeiten holt sich dann der in dem Drang der Geschäfte stehende Praktiker Rat und Belehrung. Und wenn er nicht mit der nötigen Unterscheidungsgabe ausgestattet ist, das Brauchbare von dem Unbrauchbaren zu sondern, oder wenn er sich in allzu großer Ehrfurcht vor dem Klang schriftstellerischer Autoritäten beugt, mag es ihm passieren, daß er zu höchst wunderlichen und seltsamen Resultaten gelangt. Denn „grau ist jede Theorie", die nicht aus der Kenntnis der Praxis hervorgegangen ist.

Erst in den letzten Jahrzehnten macht sich nach meinen Beobachtungen eine stärkere Beteiligung der Praktiker an der wissenschaftlichen Behandlung des Rechts bemerkbar. Und sie ist sehr notwendig, damit die Erfahrungen des Lebens ausreichende Verwertung und Berücksichtigung finden. Denn schließlich ist doch die Praxis die beste, ja eigentlich die einzige maßgebende Lehrmeisterin. Sie allein gibt den Prüfstein für die Richtigkeit oder Brauchbarkeit der am Gelehrtentisch gefundenen

Auffassungen und Auslegungen. Ja die ganze juristische Wissenschaft hat ihre Existenzberechtigung nur darin, daß sie der praktischen Jurisprudenz, dem Rechtsleben, der Rechtspflege dient. Ich bin der letzte, der die hohen Verdienste unserer hervorragenden Theoretiker um die wissenschaftliche Vertiefung und Fortentwicklung unseres Rechts schmälert. Sie ist m. E. das notwendige, unentbehrliche Korrelat der praktischen Rechtsanwendung. Sie sorgt dafür, daß die letztere nicht zur handwerksmäßigen Routine herabsinkt. Die deutsche Rechtswissenschaft hat Werke aufzuweisen, die sich die Anerkennung und Bewunderung der ganzen zivilisierten Welt erworben haben. Ich verweise z. B. auf Kohlers Handbuch des Patentrechts. Aber die rein theoretische Beschäftigung mit der Rechtswissenschaft hat auch ihre großen Nachteile und Gefahren. Je weniger ein Dozent in der juristischen Praxis Bescheid weiß, je mehr er sich von ihr entfernt, je weniger nützt er seinem Fache. Bezeichnend ist, daß gerade unsere tüchtigsten, hervorragendsten und berühmtesten Rechtslehrer trotz vielseitiger anderweiter Inanspruchnahme nicht darauf verzichten, als Richter in einem Kollegialgericht mitzuarbeiten, lediglich um dadurch mit der Praxis in unausgesetzter Fühlung zu bleiben.

Um der erwähnten Weltfremdheit der Justiz abzuhelfen, hat man die mannigfaltigsten Vorschläge gemacht. Soweit diese sich auf die Vorbildung der Richter beziehen, soll im folgenden Abschnitt kurz darauf eingegangen werden. Ein von der Presse propagiertes, anscheinend sehr einfaches Mittel, das zugleich dem demokratischen Zuge der Zeit Rechnung trägt, ist das Verlangen nach einer regelmäßigen Beteiligung des Laienelements an der Rechtsprechung auch in Zivilsachen. Sind unsere Richter unpraktische, weltfremde Perücken, eigensinnige und vertrocknete Buchstabengelehrte, so muß man ihnen Leute mit gesundem, natürlichem Urteil an die Seite setzen, die im Leben stehen und das Leben kennen! So etwa lautet das landläufige Raisonnement.

Als früherer langjähriger Vorsitzender einer Kammer für Handelssachen, und als ein großer Verehrer dieser Einrichtung, habe ich gegen die Zuziehung von Laien auch zur Zivilrechtspflege im Prinzip nichts einzuwenden. Nur wird sich alsbald herausstellen, daß diese Laienrichter, so oft es sich nicht um solche Verhältnisse handelt, die ihnen infolge ihrer speziellen Berufstätigkeit bekannt sind, mit einer viel größeren Weltfremdheit behaftet sind, als sie unseren Berufsrichtern angeblich eigen ist. Jeder Beruf bildet seine Leute. Wer sich die richterliche Tätigkeit zum Hauptberuf gewählt hat, wer ununterbrochen diese Seite geistiger Tätigkeit übt, die in dem objektiven Aufnehmen, Prüfen und Abwägen der vor ihm erörterten fremden Interessen besteht, der muß hierdurch notwendig Routine, Erfahrung, Sicherheit, praktischen Blick erlangen. Er muß notwendig demjenigen überlegen sein, der gewohnt ist, nur über seine eigenen Interessen und Vorteile nachzudenken und — wie dies wenigstens bei dem Gros der erwerbstätigen Bevölkerung der Fall sein wird — in seinem engen wirtschaftlichen Leben die Kräfte seines Daseins erschöpft. Auch die Fähigkeit, sich in fremde Angelegenheiten zu vertiefen, auch Objektivität und Gerechtigkeitssinn müssen ausgebildet, geübt und gepflegt werden. Laienrichter, welche doch immer nur gelegentlich neben ihrem Hauptberuf, oder, wenn sie privatisieren, neben der anstrengenden Tätigkeit des Kuponabschneidens oder der Unterzeichnung von Aufsichtsratsprotokollen, das Richteramt ausüben, werden daher niemals dieselben Garantien für eine sachliche und gerechte Rechtsprechung bieten, wie der Berufsrichter. Ihr Urteil ist immer nur da von besonderem Werte, wo sie mit ihm an die Erfahrungen ihres Hauptberufs anknüpfen, wo sie als die individuellen Persönlichkeiten urteilen, zu denen sie ihr Hauptberuf geschaffen hat. Deshalb sind Kaufleute und Fabrikanten als Laienrichter ausgezeichnet bei der Beurteilung von Handelsprozessen. Geschäftliche Erfahrung, Kenntnisse und Verständnis der Auffassung, der Denkweise, der Ausdrucksweise, auch der Kniffe und Chikanen, die in ihren Berufskreisen im Schwange sind, Empfindung für das, was hier als fair, als anständig, oder als das Gegenteil anzusehen ist, bringen sie mit und verwerten sie im Gedankenaustausch mit dem Vorsitzenden. Unter dem gleichen Gesichtspunkte mag man auch für die speziellen Fragen, die den Gewerbe- und Kaufmannsgerichten zugewiesen sind, Angehörige der bei diesen Prozessen beteiligten Kreise zuziehen. Aber man hüte sich, weiter zu gehen und grundsätzlich den Laien für einen ebenso guten oder sogar für einen besseren Richter einzuschätzen, als den Berufsrichter.

Ich spreche hier überall vom Standpunkt des Zivilrichters. Aber ich bin doch lange genug in der Strafjustiz tätig gewesen, um mir auch hier eine Ansicht bilden zu können. Für die Strafjustiz liegt die Sache insofern anders, als die zur Entscheidung stehenden Fragen hier in der überwiegenden Mehrzahl der Fälle auf rein tatsächlichem Gebiete liegen. Auch fallen für die Beteiligung der Laien an der Strafjustiz politische Gesichtspunkte ins Gewicht, die für die Ziviljustiz nicht in Betracht kommen. Im Prinzip gilt aber auch hier dasselbe. Der Berufsrichter bietet größere Garantien als der Laienrichter, und Fehlsprüche werden sicher in dem Maße zunehmen, als man den Berufsrichter und seinen maßgebenden Einfluß auf die Urteilsfindung zurückdrängt. Im übrigen verweise ich auf die ausgezeichnete Monographie von de Niem,[1] dessen Ausführungen ich auf Grund meiner persönlichen Erfahrungen in allen wesentlichen Punkten beistimmen möchte.

Auf dem Leipziger Kongreß für gewerblichen Rechtsschutz vom 15.—20. Juni 1908 wurde die Frage der Einführung von Sondergerichten für Sachen des gewerblichen Rechtsschutzes behandelt. Es wurden aus Juristen und Technikern zusammengesetzte Gerichte gefordert, in welchen die letzteren als ständige Berufsrichter fungieren sollten. Trotz der großen Propaganda, welche für diese Forderungen namentlich in den Kreisen der auf dem Kongreß stark vertretenen Patentanwälte geworben hatte, und obwohl man auf die ursprünglich beabsichtigte Aufstellung von Detailvorschlägen verzichtet hatte, ergab sich für die Einführung der Sondergerichte nur eine Majorität von 99 gegen 53 Stimmen. Aber dieses Ergebnis bedeutet nichts. Viel wichtiger war die Erkenntnis, daß die gegen die Einführung sprechenden sachlichen Gründe in keiner Hinsicht widerlegt werden konnten. Dem Gewicht dieser Gründe vermochten sich nach meinem persönlichen Eindruck selbst enragierte Freunde dieser Sondergerichte nicht ganz zu entziehen. Inzwischen ist auch in der Literatur das Problem weiter behandelt worden.[2] Während es jetzt den Parteien und dem Gericht ermöglicht ist, die für jeden einzelnen Fall geeignetsten Sachverständigen beizuziehen, deren Gutachten unter der Kontrolle der Parteien erstattet wird, würden Techniker als Berufsrichter, die doch auch nicht auf jedem Gebiete beschlagen sein können, ihre technischen Kenntnisse als Richter in unkontrollierbarer

[1] Vgl. de Niem, Berufsrichter und Laienrichter (Leipzig 1906); derselbe in der Deutschen Richterzeitung 1909 S. 38 ff.

[2] Vgl. die ausgezeichneten Darlegungen von Wertheimer in der Leipziger Zeitschrift für Handelsrecht usw. 1908 S. 671; Professor Dr. ing. Schlesinger in den Annalen des Deutschen Reichs 1909 S. 247; Cohn, Techniker als Richter (Nürnberg 1908).

Weise verwerten. Sie würden der abweichenden Ansicht von Sachverständigen sicher nicht mit derjenigen Objektivität gegenüberstehen, die der juristisch geschulte Richter bietet. Es würde überdies bei der praktischen Einrichtung dieser Sondergerichte sich sofort herausstellen, daß sich zu solchen technischen Berufsrichterstellen nur Mittelmäßigkeiten, nämlich nur solche Techniker oder Patentanwälte drängen, welche in der Praxis nicht hinreichenden Erfolg finden. Denn wer auf technischem Gebiete oder als Patentanwalt Hervorragendes leistet, der versteht es auch, seine Arbeitskraft in einer Weise zu verwerten, daß er seine Stellung schwerlich mit der eines Berufsrichters vertauscht.

IV

Ausbildung der Richter. Richter und Rechtsanwälte.

Man hat behauptet, daß unsere Gymnasien mit ihrer philologischen und scholastischen Schulweisheit veraltet seien, daß sie eine körperlich geschwächte, „geistig verbildete" Jugend heranzögen, daß die humanistische Vorbildung mit eine der Hauptursachen unserer angeblich so mangelhaften Rechtszustände sei. Gurlitt und seine Anhänger sprechen dem humanistischen Gymnasium alle und jede Existenzberechtigung ab.

Zu dem großen Gegensatz der Meinungen, welcher auf dem Gebiete des Schulwesens besteht, kann hier nicht Stellung genommen werden. Wenn die deutsche Nation sich im Verlauf des letzten halben Säkulums eine allseits anerkannte Stellung unter den Kulturvölkern errungen hat, wenn sie nicht nur auf dem Felde der Theorie, sondern in der praktischen Verwertung der Wissenschaften, z. B. in der chemischen Industrie und auf allen technischen Gebieten, einen ersten Rang erworben hat, so verdankt sie dies im wesentlichen Männern, welche humanistische Vorbildung genossen haben. An ihr kann also die angebliche „Rückständigkeit der Jurisprudenz" nicht gelegen sein. Ja, es wird im direkten Gegensatz zu der eingangs erwähnten Auffassung auf der anderen Seite die Überzeugung vertreten, daß nur die geistige Schulung, welche ein großer Teil der deutschen Jugend in den Gymnasien erfährt, die großartigen Erfolge deutscher Wissenschaft auf allen Gebieten ermöglicht habe. Die Gegenprobe ist noch nicht gemacht. Wie dem aber auch sei, es ist unmöglich zu verkennen, daß unsere Gymnasien den jungen Mann zum praktischen Lebensberufe nur in ganz ungenügender Weise vorbereiten. Es ist dies schon eine sehr alte Klage, aber sie muß in dem Maße von Jahr zu Jahr zunehmen, als unser Volk im ganzen praktischer geworden ist (vgl. oben S. 6), und die Anforderungen an diese Seite der menschlichen Geistestätigkeit sich steigern. Der Gymnasialabiturient mag in der lateinischen und griechischen Syntax gut Bescheid wissen, er mag griechische und römische Klassiker mit Verständnis gelesen haben und sich einbilden, bis zu den Quellen unserer heutigen Kultur vorgedrungeu zu sein. Aber er spricht gewöhnlich ganz ungenügend französisch; er hat englisch vielleicht überhaupt nicht gelernt; er versteht mitunter einfache Zins- und Zinsesrechnungen nicht; er ist unfähig einen kaufmännischen Buchauszug zu begreifen oder gar eine Bilanz zu lesen. Ich würde diese Dinge für viel wichtiger halten, als das Rechnen mit Logarithmen. Um die empfindlichsten Lücken meiner Schulbildung in dieser Hinsicht auszufüllen, habe ich, nachdem ich schon das erste juristische Examen absolviert hatte, einfachen Rechnen- und Buchführungsunterricht genommen. Auch die Grundzüge aller politischen Bildung, die Elemente unseres Verfassungs- und Bürgerrechts müßten m. E. viel eingehender auf unseren Schulen gelehrt werden.[1]

Daß auch der akademische Unterricht in mehrfacher Hinsicht der Verbesserung fähig und bedürftig ist, wird nicht geleugnet werden können. Es darf nicht die Aufgabe des Universitätsstudiums sein, dem angehenden Juristen möglichst viel Memorierstoff zu bieten, sondern ihm Ursache, Zweck und praktische Bedeutung unserer Rechtsinstitute klar zu machen, ihn in die Zusammenhänge unseres überaus komplizierten und vielgestaltigen Rechts einzuführen und ihm so die Fähigkeit zur rechtlichen Beurteilung der Erscheinungen des Verkehrslebens beizubringen. Mit dem Vorschlag, den künftigen Juristen vor Beginn des akademischen Studiums ein Jahr lang in die Schreibstuben der Gerichte oder Rechtsanwälte zu stecken, damit er ähnlich wie der angehende Techniker oder der Apothekerlehring zunächst das Handwerksmäßige des Berufes kennen lernt, kann ich mich nicht befreunden.[2] Diese Methode würde nicht nur eine außerordentliche Belästigung der Praxis bedeuten, sie würde voraussichtlich auch dem künftigen Juristen keinen Vorteil bieten. Denn zu anderen als Schreibarbeiten könnte er nicht verwendet werden. Jede praktische Tätigkeit aber, die ohne

[1] Vgl. Rühlmann, Politische Bildung, Leipzig 1908.

[2] Vgl. meinen Aufsatz im Recht 1907 S. 1028.

eigene Verantwortlichkeit geschieht — und eine solche könnte doch einem solchen juristischen Eleven mit Rücksicht auf die auf dem Spiele stehenden Interessen Dritter selbst nicht im bescheidensten Maße übertragen werden —, wirkt geistestötend und unbefriedigend. Beachtlicher erscheint der Vorschlag Zitelmanns[1] die Studienzeit und den praktischen Vorbereitungsdienst so zu verteilen, daß auf eine mehr allgemeinverständliche Einführung in die Rechtswissenschaft in den ersten drei Semestern, eine praktische Dienstzeit, und nach dieser zur Vertiefung der erworbenen Kenntnisse ein weiteres Studium folgen soll; diesem hätte sich dann wieder ein Schlußjahr praktischer Vorbereitung anzuschließen. Allein die oben geäußerten Bedenken bestehen doch auch gegenüber diesem Vorschlag. Auch einem Studenten nach dem dritten Semester wird man in der Praxis keine größere Selbständigkeit einräumen wollen. Gegenüber den von Zitelmann mit vollem Recht betonten höheren Anforderungen an den modernen Juristen scheint aber jedenfalls die Ausdehnung der Studienzeit auf 4 Jahre dringend geboten. Sie empfiehlt sich auch, um dem großen Andrang zur juristischen Laufbahn wirksam entgegenzutreten. Sie bräuchte unter diesem Gesichtspunkt auch nicht mit einer Abkürzung der praktischen Vorbereitungszeit verbunden zu sein. Der erwähnte Andrang hat, wie noch in anderem Zusammenhang zu erörtern sein wird, schwere Gefahren für unsere Rechtspflege im Gefolge. Es ist immer ein Mißstand, wenn ein zu großer Prozentsatz der Bevölkerung von der Rechtspflege leben will. Eine Erschwerung der Bedingungen für eine erwerbende Betätigung auf diesem Gebiete wird ein wirksameres Prophylaktikon sein als die offiziösen Abmahnungen von der Wahl des juristischen Berufes. Denn bei diesen mag jeder einzelne bei sich denken, für ihn werde schon noch ein Platz übrig bleiben. Der Gefahr, daß bei Verlängerung der akademischen Studienzeit ein weiteres Jahr „verbummelt" werde, könnte durch Einführung von Zwischenexamen nach österreichischem Vorbilde gesteuert werden. Ein solches wird ja auch für andere Berufszweige gefordert. Ebensowenig wie für ein praktisches Jahr vor oder während der Studienzeit kann ich mich für den Vorschlag von Förtsch[2] erwärmen,

[1] Die Vorbildung der Juristen (Leipzig 1909); derselbe, Deutsche Juristenzeitung 1909 S. 505 ff.

[2] Deutsche Revue, Jahrgang 33 S. 355 ff.

dem Studenten schon während der Universitätszeit „die Kunst der Rechtsprechung“ zu lehren, also insbesondere die Kunst der Zeugenvernehmung, des Protokollierens, des Vorsitzes, der Belehrung über die Bedeutung des Eides. Ich bezweifle, ob diese Kunst überhaupt „gelehrt“ werden kann. Der einzelne muß sie sich erwerben, indem er sich *seine Vorbilder wählt*. Diese muß er sich während seiner Vorbereitungszeit suchen, und er wird sie, wenn nicht besonders ungünstige Umstände obwalten, auch finden. Die beste Lehrmeisterin ist auch hier die Praxis, die aber erst in dem Augenblick richtig beginnt, in welchem der junge Jurist mit *eigener* Verantwortlichkeit sich betätigen kann.

Unter den in den deutschen Einzelstaaten geltenden Prüfungsordnungen genießt, wie mir aus *studentischen* Kreisen versichert wird, die badische den Ruf, die strengste zu sein. Den Studenten, die das am eigenen Leibe erfahren, wird ein Urteil hierüber zuzutrauen sein. Meines Erachtens ist es notwendig, gerade für das erste Examen hohe Anforderungen zu stellen. Ich bin, während ich selbst in dem badischen Examen zu prüfen berufen war, immer dafür eingetreten, bei der Beurteilung der Leistungen keine schwächliche Milde walten zu lassen. Nur hierdurch ist es möglich, ungeeignete Bewerber fern zu halten und zwar zu einer Zeit, in der ihnen noch die Ergreifung eines anderen Berufes möglich ist. Hat der junge Jurist auch seine Vorbereitungszeit absolviert und den Anforderungen des praktischen Dienstes einigermaßen genügt, so wird man sich viel schwerer entschließen, ihn jetzt noch zurückzuweisen.

Die Verwertung der Ergebnisse der *psychologischen Forschung* ist eine der bedeutsamsten Errungenschaften der modernen Rechtspflege. Sie ist besonders für die Strafjustiz von hervorragender Bedeutung. Das Verlangen, daß auch der junge Jurist während der Studienzeit oder des Vorbereitungsdienstes einen psychologischen Kurs zu absolvieren habe, scheint mir einem dringenden Bedürfnis zu entsprechen. Eine gewisse Ausbildung in dieser Richtung wird es dem künftigen Praktiker ermöglichen, das Vorhandensein psychologischer Probleme im Einzelfalle zu erkennen und dem Gutachten der von ihm gehörten Sachverständigen das erforderliche Verständnis entgegenzubringen. Nur möge sich der Jurist immer davor hüten, schon deshalb, weil er sich einige Kenntnisse oder Erfahrungen auf diesem Gebiete erworben hat, sich selbst für einen Psychologen zu halten. Diese Selbsttäuschung könnte gefährlich werden. Auch wer die Schriften von Männern dieses Faches, wie von *Krafft*,

Aschaffenburg, Stern, Hellpach u. a., oder die ihre Resultate verwertenden Arbeiten von Wulffen, Gmelin u. a. kennt, ist deshalb noch kein Psychologe. Denn eigenen psychologischen Blick und eigenes psychologisches Urteil sich zu erwerben, setzt, wie mir auch seitens eines mir nahestehenden bedeutenden Psychiaters versichert wird, jahrelange gründliche Übung und Beobachtung voraus.

Sehr beachtenswert erscheinen die Anregungen, welche in den letzten Jahren für eine gewisse kaufmännische, speziell banktechnische Ausbildung der Juristen geltend gemacht werden.[1] Es ist denselben seitens einzelner Bundesregierungen bereits dadurch Rechnung getragen, daß sie die Beschäftigung junger Juristen in größeren kaufmännischen oder industriellen Betrieben auf die Vorbereitungszeit anrechnen.[2] Eine solche Ausbildung wird allerdings nicht für alle junge Juristen in Betracht kommen, aber doch für diejenigen, welche in Handelssachen oder an verkehrsreichen Plätzen sich praktisch zu betätigen gedenken. Bei den großen Anforderungen, welche die einzelnen Zweige unseres Rechtslebens an die Rechtsprechung stellen, wird die Entwicklung immer mehr dahin drängen, Richterspezialisten für einzelne Fächer auszubilden. Die Anfänge dieser Entwicklung sind bereits überall erkennbar. Wir haben bereits die Vorsitzenden der Kammern für Handelssachen, die Richter der freiwilligen Gerichtsbarkeit und die Vorsitzenden der Jugendgerichte, die Mitglieder der in jüngster Zeit für die Streitigkeiten aus dem Gebiet des gewerblichen Rechtsschutzes gebildeten Patentkammern. Auch die Mitglieder des Reichsgerichts werden, nachdem die Verteilung der Geschäfte nicht mehr nach den verschiedenen Partikularrechten, sondern nach Materien geordnet ist, notwendig Spezialisten auf den den einzelnen Senaten zugewiesenen besonderen Gebieten.

Unter den vielen Vorschlägen, welche zur Reform unseres Justizwesens gemacht werden, befindet sich auch der, die Richter dem Anwaltsstande zu entnehmen, niemanden zum Richter zu machen, der sich nicht vorher als Anwalt erprobt und eine hervorragende Stellung

---

[1] Vgl. Warschauer, Die banktechnische Ausbildung der Juristen (Berlin 1908); Obst, Kaufmännische Ausbildung der Juristen (Leipzig 1908).

[2] Vgl. § 2 der Bayr. Allerhöchsten Verordnung vom 4. Januar 1901 (Justizministerialblatt 1901 S. 50) und Bekanntmachung des bayr. Justizministeriums vom 5. November 1907 (ebenda 1907 S. 393).

unter seinen Standesgenossen erworben habe. Dieser Vorschlag trägt der Entwicklung und der Wirklichkeit unsere Rechtszustände keine genügende Rechnung und verlangt ohne Rücksicht auf die praktische Durchführbarkeit die Übertragung englischer Einrichtungen auf unsere Verhältnisse. Aber bekanntlich läßt sich für recht fern liegende, überstiegene Vorschläge viel besser Propaganda machen, als für solche, die im Bereich der praktischen Ausführbarkeit liegen, bei denen, wenn man an die Verwirklichung geht, sich sofort auch die Kehrseiten herausstellen. In Preußen galt bis zum Jahre 1879 genau das umgekehrte Prinzip; man entnahm die Anwälte dem Richterstand und „eine Anwaltsstelle wurde fast als Auszeichnung angesehen".[1] So wie sich seit 1879 die Verhältnisse in Deutschland gestaltet haben, stehen sich das „beamtete Richtertum" und die „freie Advokatur" als selbständige und geschlossene Berufsstände gegenüber, und es wird sehr schwer sein, ein praktisch durchführbares Gegengewicht gegen diese Entwicklung zu finden. Der an sich gewiß sehr wünschenswerte häufigere Übertritt von dem einen zu dem andern scheitert an der Macht der realen Verhältnisse. Zweifellos würde mancher Rechtsanwalt, der wenig Erfolg und infolgedessen ein geringes und unsicheres Einkommen hat, seine Stellung gern mit der eines Richters vertauschen. Seine Übernahme in den Richterstand würde aber von den zahlreichen Anwärtern, die von Beendigung ihrer Vorbereitungszeit an ihre Kräfte dem Staate zur Verfügung gestellt haben, als bitteres Unrecht empfunden. Erfolgreiche Anwälte aber, die sich in materiell gehobener Stellung befinden, werden gern darauf verzichten, sich mit den relativ bescheidenen Bezügen des deutschen Richters zu begnügen.

Es ist eine recht auffällige Erscheinung, daß bei den im letzten Jahrzehnt Mode gewordenen Angriffen gegen die deutsche Rechtsprechung die Beteiligung der Rechtsanwaltschaft an ihr meistens völlig außer Betracht gelassen wird. Alle Angriffe in dieser Beziehung hat der deutsche Richterstand allein auszuhalten. Es ist dies ein Beweis für die Oberflächlichkeit und Unsachlichkeit jener Kritik. Denn es wird in deutschen Landen (von der amtsgerichtlichen Praxis abgesehen) kein Urteil gesprochen, auf welches nicht der deutsche Rechtsanwalt einen wesentlichen, nicht selten den ausschlaggebenden Einfluß geübt hat.

---

[1] Vgl. Weißler, Geschichte der Rechtsanwaltschaft S. 384.

Diese Anteilnahme der Rechtsanwaltschaft an unserer Rechtsprechung macht es notwendig, hier kurz auf das Verhältnis zwischen Richter und Rechtsanwalt einzugehen. Die richtige Beurteilung desselben ist für die Praxis von größter Bedeutung.

Richter und Rechtsanwalt sind grundsätzlich mit gleicher Verpflichtung und als gleichwerte Faktoren im Dienste der Rechtspflege zur Verwirklichung des Rechts und zur Erforschung der Wahrheit berufen. Aber sie sind es in verschiedener Weise; sie haben die gemeinsame Aufgabe von verschiedenem Standpunkt aus zu lösen: der Anwalt im Dienste der Parteien, von denen er auch die Entlohnung erhält, der Richter über den Parteien stehend und völlig unabhängig von ihnen auch insofern, als er die Vergütung seiner Arbeitsleistung von dem Staat erhält, in dessen Auftrag er Recht spricht. Die gemeinsame Aufgabe erfordert dringend ein harmonisches Zusammenwirken, getragen von gegenseitigem Vertrauen und gegenseitiger Achtung.

Aber das tatsächlich bestehende Verhältnis zwischen Richter und Rechtsanwalt ist vielfach nicht derartig, daß es dieser prinzipiellen Auffassung, über die wohl kein Streit besteht, entspricht. Die Praxis bringt es — vielleicht unvermeidlich — mit sich, daß gewisse Reibungsflächen entstehen, daß sich im gegenseitigen Verkehr Schärfen und Ecken herauskehren, die nicht immer rechtzeitig oder in einer der Rechtspflege entsprechenden Weise ausgeglichen werden. Das Interesse der Rechtspflege wird nicht überall als der leitende Gesichtspunkt anerkannt, und auch wo es erkannt wird, nicht überall hochgehalten. Auf dem jüngsten deutschen Juristentag hat Vierhaus von einem „Riß zwischen der Rechtsanwaltschaft und dem Richtertum" gesprochen.[1] Ich möchte annehmen, daß er nicht in solchem Maße besteht, wie es Vierhaus zu unterstellen scheint. Ich kann auch die von ihm ausgesprochene Befürchtung nicht teilen, daß die im Laufe der letzten Jahre gegründeten Richtervereine geeignet sind, ihn zu verschärfen.

Es ist vollkommen zutreffend, wenn Vierhaus selbst hervorhebt, man dürfe bei Beurteilung der hier in Betracht kommenden Verhältnisse nicht zu sehr generalisieren. In der Tat liegen diese in den verschiedenen Landgerichts- und Oberlandesgerichtsbezirken sehr verschieden, wobei der Einfluß einzelner prominenter Persönlichkeiten oft sehr

---

[1] Verhandlungen des 29. deutschen Juristentags, Bd. V S. 580.

entscheidend in der einen oder in der anderen Richtung in die Wagschale fällt.

Es bestehen zwischen Rechtsanwalt und Richter Gegensätze und haben ihre sehr reale Grundlage in der erwähnten Verschiedenheit der beruflichen Tätigkeit und der Art ihrer Verwertung. Der Rechtsanwalt ist, indem er dem Publikum seine Dienste gegen Entgelt leistet, in gewissem Sinne, ebenso wie der Arzt, Geschäftsmann. Es muß sein Streben sein, sich eine auskömmliche Praxis zu verschaffen. In dem Maße, in dem sich seine Klientel hebt, quantitativ und namentlich qualitativ, steigt (ganz wie beim Arzte) sein Ansehen und sein Einkommen. Er muß ein self-made man sein. Er muß sich durchsetzen in der Konkurrenz mit einer unbeschränkten Zahl von Kollegen. Die Prozesse, die ihm anvertraut werden, die Verteidigungen oder die Privatklagen, zu deren Vertretung er berufen wird, bieten dazu das notwendige Mittel. Deshalb steht er den Angelegenheiten, mit denen er befaßt ist, notwendig ganz anders gegenüber, als der Richter. Sie sind in gewisser Beziehung seine eigenen.

Der angestellte Richter dagegen fühlt sich in erster Linie als Staatsbeamter. Der Staat ist sein Dienstherr. Von ihm empfängt er seinen Gehalt, seine Rangstellung, seinen Titel, seine Auszeichnungen. Der Staat garantiert ihm im Falle seiner Dienstunfähigkeit die Pension. Der Staat sorgt für seine Hinterbliebenen. Der Staat bestimmt seinen Wohnsitz, seine Beförderung. Der Staat führt — unbeschadet der richterlichen Unabhängigkeit in der Ausübung des eigentlichen Berufs — die Aufsicht über sein dienstliches und außerdienstliches Verhalten.

Der Beruf und die Art seiner Ausübung beeinflußt, wie dies schon in anderem Zusammenhang hervorgehoben wurde, die Lebensauffassung. Niemand — auch der Selbständigste und Originellste — wird sich auf die Dauer diesem unaufhörlich und unmerklich wirkenden Einfluß ganz entziehen können. Gutta cavat lapidem. Aus ihm bilden sich Urteile und Vorurteile. Der Richter gewinnt den Eindruck, bei dem Anwalt sei das Geldverdienen die Hauptsache. Der Rechtsanwalt ist im stillen geneigt, den Richter für einen Mann zu halten, der sich an der Staatskrippe nähren läßt und dem Leben unfrei gegenübersteht. Gelegentlich kommt solche Auffassung auch zum Ausdruck und löst beiderseits unfreundliche Gesinnung aus.

Die freiere Stellung des Rechtsanwalts ist allerdings vielfach nur eine scheinbare. Er ist namentlich als Anfänger von seiner Klientel abhängig. Ein verlorener Prozeß, ein gewonnener Prozeß haben für ihn eine persönliche Bedeutung. Ein junger Rechtsanwalt wird nicht leicht einem Klienten, der seinen Rat einholt, von einem Prozesse abraten. Er könnte es leicht erleben, daß ein anderer, weniger skrupulös, sich desselben annimmt und einen Erfolg erzielt. Er wird seinen Klienten sicher auf die Gefahren jeder Prozeßführung aufmerksam machen; aber er wird ihm auch die Chance des Obsiegens, wenn sie irgend denkbar ist, nicht vorenthalten. Wenn der Richter nicht selten den Eindruck gegewinnt, daß eine Prozeßführung von Anfang an aussichtslos oder frivol war, so wird dabei häufig nicht berücksichtigt, daß man am Ende eines Prozesses klüger ist als am Anfang, und daß für die Entscheidung in dem einen oder anderen Sinne so viele Imponderabilien in Betracht kommen, daß eine sichere Voraussage häufig ganz unmöglich ist. Die richtige Ausübung des Anwaltberufes macht daher ebenso hohe Anforderungen an den juristischen Scharfblick, die Gewissenhaftigkeit, die Energie und die Pünktlichkeit des Anwalts, wie an seinen Takt, an sein Rechtsempfinden, an sein eigenstes persönliches Pflichtgefühl. Die angedeuteten Schwierigkeiten vermindern sich in dem Maße, in welchem der Anwalt sich eine feste und gut fundierte Praxis erworben hat. Erst die materielle Unabhängigkeit ermöglicht es ihm, eine strenge Auswahl hinsichtlich der Sachen zu treffen, welche er vertreten und welche er ablehnen will. Allein mit der Steigerung seiner Geschäfte wächst auch seine Verantwortung. Wieviel vitale Interessen sind einem vielbeschäftigten Rechtsanwalt anvertraut! Wie eingreifend und bedeutungsvoll kann sein Rat für Existenz, für Glück und Unglück seiner Klienten werden. Besonders wichtig ist in dieser Beziehung die *konsultative* Praxis des Rechtsanwalts, deren stille und unmerkliche Wirksamkeit sich der Wahrnehmung des Richters häufig gänzlich entzieht. Es ist schon oben darauf hingewiesen worden, wie das Eindringen des Rechtsanwalts in die Vorgeschichte der Prozesse und die Durchführung der erwirkten Erkenntnisse geeignet sind, seinen praktischen Blick zu schärfen (vgl. S. 12). Ein sehr wesentliches, in der gleichen Richtung förderliches Moment ist die persönliche Beteiligung, die sein *eigenes* Interesse in gewissem Maße mit dem seines Klienten verknüpft. Bald mehr, bald weniger. Wir sehen hervorragende Rechtsanwälte in einer Reihe bedeutender Banken oder industrieller Unternehmungen persönlich und finanziell beteiligt. In ihren Vertrauensstellungen als Mitglieder des Aufsichtsrats oder Verwaltungsrats oder als Justitiare gewinnen sie Einblick in die weit verzweigten geschäftlichen Beziehungen solcher Institute, und mancher Rechtsanwalt glaubt hierbei nicht nur seine juristische, sondern auch seine kaufmännische Begabung entdeckt zu haben. Viele Rechtsanwälte stehen allerdings auf dem Standpunkt, daß sie eine solche unmittelbare Beteiligung am wirtschaftlichen Erwerbsleben grundsätzlich ablehnen und nicht im Interesse des Standes gelegen erachten.

Der Vorschlag, den Richter notwendig dem Stand der Rechtsanwälte zu entnehmen, berührt sich mit dem noch weiter gehenden Verlangen, das beamtete Richtertum überhaupt abzuschaffen, die „Bureaukratie" auf dem Gebiet der Rechtspflege abzuschütteln und überall Wahlrichter, die in der Mehrzahl nicht einmal Juristen zu sein bräuchten, an ihre Stelle zu setzen.

Ich glaube nicht, daß solche radikale Vorschläge in absehbarer Zeit Erfolg haben. Sie entsprechen auch nicht den Anschauungen der Bevölkerung, wenn sich auch der eine oder andere Verfechter derselben als Interpret der deutschen Volksseele aufspielt und sich, in seinem Ideenkreis befangen, gutgläubig dafür halten mag. Das beamtete Richtertum gewährleistet die Unbestechlichkeit und Parteilosigkeit der Richter und damit eine über alle Strömungen des Tages, der religiösen, politischen und wirtschaftlichen Gegensätze erhabene Rechtspflege. Diese eminenten Vorteile werden bei uns als etwas ganz Selbstverständliches hingenommen; sie sind aber, wie ein Blick auf die Verhältnisse in anderen Staaten z. B. Amerika lehrt, keineswegs selbstverständlich. Gerade in Deutschland mit seiner auch nach erstrittener politischer Einheit im inneren Leben der Nation fortbestehenden Zerklüftung in politische Fraktionen und Fraktiönchen ist die absolute politische Unabhängigkeit des Richterstandes von größter Bedeutung. Es mag sein, daß der „heilige Bureaukratius" in einzelnen Fällen unliebsame Früchte zeitigt. Aber man vergesse nicht, was Deutschland seinem integren Beamtenstand für seine Entwicklung zu verdanken hat. Der Vorschlag, niemanden ohne vorausgegangene mehrjährige Anwaltspraxis zum Richteramte zuzulassen, verkennt auch die Verschiedenheit der individuellen Veranlagung. Wir haben ausgezeichnete Richter, die als Anwälte schwerlich Erfolg gehabt hätten, beispielsweise weil ihnen eine gewisse Initiative fehlt, die der Anwalt nicht entbehren kann, oder eine gewisse Sensibilität eigen ist, die der Anwalt nicht brauchen kann. Im allgemeinen wird man sagen können, daß die Neigung zu einer bestimmten Berufstätigkeit auch der Veranlagung entspricht, und daß der junge Jurist in den Jahren, in denen er sich über die Wahl des richterlichen oder des anwaltschaftlichen Berufs zu entscheiden hat, über seine Neigung im klaren sein wird. Unrichtig und einseitig ist auch die Annahme, daß der Richter überhaupt nicht in dem Maße in die Erkenntnis des praktischen Lebens eindringen könne als der Anwalt. Auch der gewissenhafte Richter nimmt persönlichen Anteil an den Interessen, welche ihm anvertraut sind. In den unteren Instanzen, auf dem Gebiet der freiwilligen Gerichtsbarkeit oder der Strafrechtspflege bleibt der Richter in unausgesetzter persönlicher Fühlung mit dem Publikum, und niemand wird behaupten können, daß dem Richter, der die Augen offen hält, durch seinen Beruf die Möglichkeit genommen sei, in die Verhältnisse und Interessen einzudringen, zu deren Prüfung er berufen ist.[1] Der Mangel der persönlichen materiellen Beteiligung sichert die Objektivität seines Urteils. Vor dem anwaltschaftlichen Beruf hat die richterliche Laufbahn den für die vielseitige Ausbildung der Einzelnen sehr wesentlichen Vorteil, daß der Richter nicht an der Scholle haftet, sondern meistens veranlaßt ist, sich infolge von Versetzung und Beförderung in die verschiedenartigsten Verhältnisse einzuarbeiten, sie in Vergleich zu ziehen und die in seinen verschiedenen Stellungen erworbenen Eindrücke und Erfahrungen in seinem jeweiligen Amte zu verwerten. Schließlich sind auch die Verhältnisse der Rechtsanwaltschaft, wie sie sich in Deutschland entwickelt haben und notwendig entwickeln mußten,[2] keineswegs derartige, daß sie dem hohen Ideale entsprechen, das die edelsten Vertreter dieses Berufsstandes von ihm im Herzen tragen. Die „freie Advokatur“ gilt heutzutage noch als ein „noli me tangere“, als ein „ethisches Prinzip“, das unter allen Umständen hochgehalten werden muß. Aber die Macht der Tatsache könnte doch mit der Zeit stärker werden als solche theoretischen Prinzipien. Die Überfüllung des Anwaltsstandes wäre ein Krebsschaden unserer Rechtspflege. Der Staat kann sich gegen den Zudrang zum Richter-

[1] Fuchs behauptet, die Richter bekämen nur „winzige Ausschnitte“ der Personen und der wirtschaftlichen Verhältnisse zu sehen. Er urteilt hier, wie überall, als langjähriger Rechtsanwalt bei einem Oberlandesgericht; für ihn mag diese Unterstellung zutreffen.

[2] Vgl. Weißler a. a. O. S. 608 ff.

amt durch Zurückweisung ungeeigneter Bewerber oder durch strengere Auswahl schützen. Die Anwaltschaft kann es auf die Dauer unter der Herrschaft der freien Advokatur nicht. Es tritt der Zustand ein, welchen schon Jhering (Geist des römischen Rechts) als eine schwere Gefahr der Rechtspflege bezeichnet hat, und auf welchen oben S. 35 hingewiesen wurde. Schon jetzt beurteilt die Rechtsanwaltschaft jeden die Rechtspflege berührenden Gesetzesvorschlag wesentlich unter dem Geschäftspunkt seiner Rückwirkung auf die wirtschaftliche Lage ihrer Mitglieder. Und gewiß mit allem Rechte. Aber sie sollte nicht in die Lage kommen, diesen Gesichtspunkt für den allein maßgebenden halten zu müssen. Tritt, wie dies zur Zeit erstrebt wird, eine bessere Ausnützung und Verwertung der richterlichen Kräfte und infolgedessen eine Verminderung des Bedarfs an solchen ein, so wird bei fortdauerndem Zudrang zum juristischen Studium noch mehr als bisher die Überproduktion an Juristen sich speziell zum Nachteil der Anwaltschaft geltend machen. Aber notwendig auch zum Nachteil der Rechtspflege überhaupt. Diese Auffassung wird vielfach auch in Anwaltskreisen geteilt. Zunächst wird die Anwaltschaft allerdings mit Rücksicht auf die in Aussicht stehenden Prozeßreformen wohl eine abwartende Stellung einnehmen müssen.

V.

Die Autorität der Rechtsprechung und das Ansehen des Richterstandes. Kollegial- und Einzelrichter, Parteibetrieb, Rechtsmittelsystem, das Reichsgericht und seine Entlastung. Richtervereine.

Soll die Rechtsprechung ihre hohe Aufgabe in dem Kulturleben eines Volkes erfüllen, soll sie nicht nur dem einzelnen sein Recht schaffen, sondern auch das allgemeine Rechtsbewußtsein zum Ausdruck bringen und weiter entwickeln, soll sie als ein ethischer Faktor mit derjenigen Bedeutung im sozialen und wirtschaftlichen Leben zur Geltung kommen, welche ihr gebührt, so muß sie von dem Vertrauen des Volkes getragen sein und diejenige Autorität besitzen, ohne welche eine Erreichung dieser idealen Ziele undenkbar ist.

Man hat auf die angeblich geringe Autorität der deutschen Rechtsprechung hingewiesen, man hat von dem „sinkenden Ansehen des Richterstandes“ in Deutschland gesprochen, man hat nach den Gründen dieser Erscheinung und nach Mitteln zur Abhilfe geforscht und dabei wieder auf das englische Vorbild verwiesen. Zweifellos stehen Autorität der

Rechtsprechung und Ansehen des Richterstandes in untrennbarem Zusammenhang und bedingen sich wechselseitig.

Seit Adikes in seiner berühmten programmatischen Rede im preußischen Herrenhaus auf die Mängel unserer Justizorganisation, namentlich auf die Verschwendung der richterlichen Kräfte in Deutschland hingewiesen und die englischen Zustände in Parallele gestellt hat, ist die Diskussion über die von ihm angeregten Fragen nicht mehr zur Ruhe gekommen. Insbesondere ist die Frage, ob prinzipiell von dem Einzelrichter oder von dem Kollegium eine bessere Rechtsprechung zu erwarten ist, seither von den verschiedensten Gesichtspunkten aus erörtert und beleuchtet worden. Der XXIX. Deutsche Juristentag hat Gutachten über sie eingeholt und sie zum Gegenstand seiner Beratung und Beschlußfassung gemacht.

Es wird nicht notwendig sein, sich hier mit denjenigen auseinanderzusetzen, welche ebenso neuerungssüchtig als kritiklos unter Ignorierung unserer historischen Entwicklung und unserer nationalen Eigentümlichkeiten ohne weiteres die Übertragung der englischen Einrichtungen auf unsere Justizorganisation forderten. Es ist der Nachweis erbracht, daß die Inanspruchnahme der englischen Ziviljustiz für die Rechtssuchenden sehr viel schwieriger und kostspieliger ist als in Deutschland. Die ursprüngliche vorschnelle Begeisterung für englische Rechtszustände hat recht bald einer objektiven und nüchternen Beurteilung Platz machen müssen. Recht eigentümlich mußte es auch berühren, daß die prinzipielle Frage der Vereinfachung unserer Justizorganisation, die doch nur zum Zwecke der Hebung und Besserung unserer Zustände gefordert war, sofort unter fiskalischen Gesichtspunkten befürwortet wurde. Man glaubte hier einen bequemen Weg gefunden zu haben, um im Gebiete des Justizetats ganz beträchtliche Ersparnisse machen zu können.

Sowohl das System des Einzelrichters, als das Kollegialsystem hat jedes seine besonderen, ihm eigentümlichen Vorzüge und Nachteile.

Bei der Rechtsprechung des Einzelrichters tritt das Individuelle mehr in den Vordergrund, und jene Subjektivität des Urteils, wie sie von den Anhängern der sog. freien Rechtsfindung gefordert wird, ist eigentlich überhaupt nur für den Einzelrichter möglich. Im Kollegium würde die subjektive Souveränität, die hiernach der Richter betätigen soll, sich sofort an der Souveränität der Kollegen stoßen und zu einem unlösbaren Widerstreit der Anschauungen führen. Auch ein ausgebildetes Rechtsmittelsystem ist mit dem Einzelrichtersystem schwer vereinbar.

Soll der Einzelrichter diejenige Autorität genießen, die ihm zur Wahrung seiner Stellung und zur Erfüllung seiner Aufgabe unentbehrlich ist, so darf er nicht der Gefahr ausgesetzt sein, daß seine Aussprüche von einem Oberrichter in jedem einzelnen Falle wieder beseitigt werden können. Eine Korrektur seines Urteils trifft den Einzelrichter persönlich, nicht aber das einzelne Mitglied des Kollegialgerichts, dessen Votum man nicht kennt. Die Autorität des Einzelrichters steht und fällt mit der Autorität seiner Urteile. Deshalb entscheiden auch in England die Grafschaftsgerichte selbst darüber, ob eine Berufung gegen ihre Urteile zulässig ist oder nicht. Hat der Einzelrichter sich in einer schwierigen und zweifelhaften Frage zu einer bestimmten Ansicht durchgerungen und diese unter souveräner Ausscheidung der vorhandenen Bedenken in seinem Urteile zum Ausdruck gebracht, so würde man in sehr vielen Fällen darauf rechnen können, daß die von dem Rechtsmittelkläger gegen seine Auffassung geltend gemachten Gegengründe auf den kritisch veranlagten Oberrichter einen so starken Eindruck machen, daß er genau die gegenteilige Ansicht für die einzig richtige und mögliche hält. Die Ansichten der Juristen haben die Eigentümlichkeit, daß sie sich gewöhnlich eine gewisse Herrschaft erringen über ihre eigenen Urheber. Gerade die selbständigsten, die tüchtigsten, die originellsten Köpfe halten die einmal gewonnene Überzeugung mit bewundernswerter Zähigkeit fest, und der Entschluß, eine solche Überzeugung gegenüber den stärkeren Gründen der Gegenansicht oder gegenüber neueren Beweisergebnissen oder Parteierklärungen aufzugeben, erfordert oft die größte Selbstbeherrschung und innere Ausgeglichenheit des einzelnen.

Im Kollegium tritt das Persönliche, das Individuelle, das Subjektive zurück. Der Wille des einzelnen findet seine Schranke an dem gleichberechtigten und gleichstarken Willen und Judizium der Kollegen. Die Gegensätze der Anschauungen und des Rechtsempfindens, die viel größer und häufiger sind, als die meist von Hause aus sehr subjektiv veranlagten Vertreter der sog. freien Rechtsfindung glauben und anderen glauben machen, streben im Kollegium zu einem Ausgleich auf einer festen Grundlage. Und diese Grundlage suchen und finden die Mitglieder des Kollegiums in dem Gesetz. Eine sog. Kadijustiz ist, von einem Kollegium geübt, kaum denkbar. Häufig dringt — namentlich in größeren Kollegien — eine Mittelmeinung, ein Kompromiß durch, das eigentlich keinen der Urteilenden vollkommen befriedigt, das aber den einzigen Ausweg zur Erreichung der erforderlichen Majorität bildet.

Von dem Standpunkt des Richters aus ist die Frage noch am wenigsten behandelt worden. Ich glaube, es wird wenige unter meinen Kollegen geben, die die freiere und an sich selbständigere Tätigkeit des Einzelrichters nicht der im Kollegium vorzögen. Aber das Kollegium erzieht. Es lehrt uns Achtung vor der Auffassung anderer; es überzeugt uns unausgesetzt, einer wie verschiedenen Beurteilung derselbe Rechtsfall, nicht nur vom juristischen, sondern auch vom wirtschaftlichen oder vom rein menschlichen Standpunkt aus unterworfen ist. Das Kollegium mag manchen ungünstig beeinflussen, insbesondere den schwachen und unselbständigen noch unselbständiger und bequemer machen. Andererseits spornt aber gerade der Widerspruch, den er im Kollegium erfährt, den tüchtigen Richter zur Verteidigung seiner Auffassung an. Er muß die Richtigkeit seiner Ansicht im Kampfe mit der Gegenmeinung erproben. Er ist genötigt, sie unter neuen, von ihm selbst noch nicht erwogenen Gesichtspunkten zu prüfen. Hierzu kommt, daß die richtige Behandlung und Entscheidung der Prozesse an die verschiedensten Eigenschaften eines Richters Anforderungen stellt. Der eine Prozeß erforderte in Eindringen in minutiöse rechnerische Einzelheiten, ein anderer verlangt den freien Blick eines auf höherer Warte stehenden Beurteilers, ein dritter appelliert an das richtige sittliche Empfinden oder das Taktgefühl des Richters. Die diesen Anforderungen entsprechenden Qualitäten mögen bei dem Einzelrichter nicht immer vereinigt sein; im Kollegium besteht für ihr Vorhandensein eine größere Wahrscheinlichkeit. Im allgemeinen wird man daher sagen müssen, daß das Kollegium für eine allseitige objektive Beurteilung und erschöpfende Würdigung des Streitstoffes größere Garantien bietet. Und ich glaube, daß dies im großen und ganzen die vorherrschende Auffassung in Deutschland ist.[1] Der Deutsche vertraut die Entscheidung über seine Rechtsangelegenheiten lieber einem Kollegium an. Bezeichnend ist es, daß bei Bestellung von Schiedsgerichten fast regelmäßig ein Kollegium gewählt oder der von den Parteien bestimmte Schiedsrichter ermächtigt wird, Beisitzer zuzuziehen. Die in den Börsenordnungen und Statuten unserer Kauf-

[1] Vgl. hierzu Peters, Das englische bürgerliche Streitverfahren und die deutsche Zivilprozeßreform (Berlin 1908) S. 51ff., Wach, Deutsche Juristenzeitung 1908 S. 15.

leute vorgesehenen Schiedsgerichte sind meistens aus einem Kollegium gebildet. Selbst die Friedensgerichte der in manchen ländlichen Bezirken segensreich wirkenden Friedensvereine[1], die in erster Reihe eine vergleichsweise Erledigung der vor sie gebrachten Angelegenheiten bezwecken, sind kollegial organisiert.[2]

Wenn hiernach für Deutschland grundsätzlich das Kollegialsystem wohl dem des Einzelrichters vorzuziehen ist, jedenfalls von dem größeren Vertrauen breiter Volksschichten getragen wird[3], so wird man doch nicht sagen können, daß die Vorzüge dieses Systems mit der Größe des Kollegiums zunehmen, und daß hiernach das numerisch größere Kollegium bessere Garantien böte als das kleinere. Richtiger ist die Erkenntnis, daß die mit der kollegialen Behandlung unvermeidlich verknüpften Nachteile, bei Vermehrung der Kollegialmitglieder sich unverhältnismäßig steigern. Die Verantwortlichkeit und die individuelle Mitwirkung des einzelnen tritt zurück; der Gegensatz der Anschauungen nötigt immer häufiger zu Kompromissen hinsichtlich der zu treffenden Entscheidung. Besonders mißlich ist es, wenn nicht nur über die Entscheidung selbst, sondern über ihre Begründung abgestimmt werden muß. Eine heillose Überspannung des Kollegialsystems bedeutet das reichsgerichtliche Plenum. Ich habe mich hierüber schon an anderer Stelle ausgesprochen.[4] Welch eine Verschwendung von richterlichen Kräften, von Zeit, Mühe und Arbeit, wenn ca. 60 Richter zusammentreten müssen, um über eine leidige Prozeßfrage zu entscheiden, für deren Bejahung oder Verneinung gleich gute Gründe vorgebracht werden können! Ich glaube, daß diese Einrichtung ohne Beispiel ist und dringend der Abhilfe bedarf. Sie ist ein Hemmschuh der Rechtsentwicklung, weil ein durch-

[1] Vgl. Burlage, Die Friedensvereine (M.-Gladbach 1907).

[2] Schwarz (Erneuerung deutscher Rechtspflege, Halle 1908) tritt sehr warm für das Einzelrichtersystem ein (S. 119ff.). Er bezeichnet es als die eigentlich nationale Einrichtung und bestreitet die Richtigkeit der Wachschen Behauptung, „es stehe fest", daß das Kollegialsystem die größeren Garantien für eine gerechte Rechtspflege biete. Allein historische Reminiszenzen können für die Entscheidung dieser praktischen Frage nicht maßgebend sein, und nach meinen persönlichen Erfahrungen teile ich die Auffassung Wachs.

[3] Vgl. hierzu Heinsheimer, Gutachten des 29. Deutschen Juristentags Bd. IV S. 304ff.

[4] Vgl. meinen Aufsatz in der Zeitschrift für Rechtspflege in Bayern: Die Entlastung der Zivilsenate des Reichsgerichts 1908 S. 1ff.

aus berechtigter horror pleni[1] Veranlassung gibt, wenn irgend eine Möglichkeit besteht, den Konfliktsfall mit einem anderen Senate zu vermeiden.

M. E. wird für die Reform unserer Gerichtsorganisation in erster Reihe eine Einschränkung des Kollegialsystems in der Richtung anzustreben sein, daß die großen Kollegien vermieden und die Garantie für die Güte der oberinstanzlichen Rechtsprechung vorzugsweise in der Auswahl und Qualität der richterlichen Kräfte gesucht wird. Die Verschwendung, die nach unserer bestehenden Gerichtsverfassung mit ihnen getrieben wird (vgl. oben S. 10), steht ganz außer Verhältnis zu der zu bewältigenden Aufgabe.[2]

Manche wollen die in unserer Zeit Mode gewordene Kritik gerichtlicher Urteile für das angebliche Sinken der richterlichen Autorität verantwortlich machen.

Die Kritik ist ein Kennzeichen geistiger Regsamkeit und geistigen Fortschritts. Wenn an unserer Rechtsprechung und ihren Organen fortlaufend Kritik geübt wird, nicht nur in speziell juristischen Kreisen, sondern auch außerhalb derselben, so ist dies ebenso notwendig und förderlich als erfreulich. Die fast bedingungslose Publizität der gerichtlichen Verhandlungen, die Veröffentlichung der Entscheidungen in wissenschaftlichen Zeitschriften oder in der Presse fordert zur Kritik geradezu heraus. Die Autorität und das Ansehen des Richterstandes kann durch eine an seiner Tätigkeit geübte sachliche Kritik nicht geschmälert werden. Dies gilt auch speziell von der reichsgerichtlichen Judikatur. Sie nimmt ihren Gegnern von vornherein die Waffen dadurch aus der Hand, daß sie sich keineswegs als eine unfehlbare ausgibt. Wir sehen, daß das Reichsgericht selbst seine Ansichten korrigiert, wenn es durch überzeugende Gegenausführungen eines besseren belehrt wird. Allerdings wird dies

---

[1] Vgl. Hamm, Gutachten des 29. Deutschen Juristentags Bd. III S. 42 ff.

[2] Schwarz (a. a. O. S. 229) will die Berufungskammer, die er sich als eine Art Revisionsgericht zur Nachprüfung der Rechtsentscheidung denkt, und die er nur ausnahmsweise, wenn die Partei Tatsachen und Beweismittel ohne ihr Verschulden in erster Instanz nicht vorbringen konnte, zur Nachprüfung der Tatfrage beruft, mit zwei Richtern besetzen. Nur bei Meinungsverschiedenheiten soll ein dritter zugezogen werden. Ich möchte dieses Experiment nicht empfehlen. Es könnte ein Moment der Unsicherheit in die Organisation der Rechtsprechung tragen und zu Störungen im kollegialen Verkehr der Richter Veranlassung geben. Überdies stellt sich die Meinungsverschiedenheit doch erst in der Beratung heraus; dieselbe Sache müßte also jeweils wegen des zugezogenen dritten Richters noch einmal vorgetragen werden.

nur in Ausnahmefällen geschehen, wenn ein Aufgeben des eingenommenen Standpunktes dringend geboten erscheint. Denn soll die Rechtsprechung des höchsten Gerichtshofs für die übrigen Gerichte in gewisser Hinsicht führend und vorbildlich sein, so muß sie nicht nur eine gründlich durchdachte, sie muß auch eine stetige und konsequente sein; sonst müßte ihr Schwanken Rechtsunsicherheit und Verwirrung erzeugen.

Daß die Rechtsprechung auch jede unsachliche, tendenziöse, insbesondere politisch gefärbte Kritik berücksichtige, welche ganz andere Zwecke verfolgt als die Interessen der Rechtspflege, kann natürlich nicht verlangt werden. Im Gegenteil muß die Rechtsprechung gegen jede Beeinflussung von Tagesströmungen ebenso selbständig und unabhängig sein, als sie unzweifelhaft frei und unabhängig ist gegenüber jedem Versuch behördlicher Einwirkung.

In den letzten Jahren ist speziell die reichsgerichtliche Rechtsprechung von seiten einzelner Vertreter oder Freunde der Freirechtsbewegung einer persönlich gefärbten, verhöhnenden und beschimpfenden Kritik ausgesetzt gewesen. Ich glaube nicht, daß diese Methode geeignet ist, die Zwecke jener, Bewegung zu fördern, auch soweit sie berechtigt sind. Nichts ist leichter als sich — in unverantwortlicher Stellung — als Zensor des Reichsgerichts aufzuspielen. Da die von dem Reichsgericht zu entscheidenden Fragen fast alle zweifelhafter Art sind, da über sie unter den verschiedensten Gesichtspunkten durch die Instanzen gestritten worden ist, so läßt sich in der Regel für Ansicht und Gegenansicht eine Reihe von Gründen vorbringen. Versteht es ein Kritiker, seine Ausführungen durch eine geistvolle oder witzige Schreibweise anregend zu gestalten und wohlfeile Argumente durch eine geschickte Dialektik mundgerecht zu machen, so kann er des Beifalls oberflächlicher Leser gewiß sein. Daß auch nur einer von Hunderten solcher Leser sich die Mühe einer gründlichen sachlichen Nachprüfung macht, glaube ich nicht. Das Resultat ist daher nicht irgend ein positives Ergebnis, sondern die Erregung einer allgemeinen mehr oder minder klaren Empfindung von Unzufriedenheit, eines unbestimmten, abfälligen Urteils, kurz eine Erschütterung des Vertrauens in die Rechtspflege.

Ich habe weder den Auftrag, noch fühle ich den Beruf, die Rechtsprechung des Reichsgerichts zu verteidigen. Sie bedarf einer solchen Verteidigung nicht. Soweit sie in einzelnen Fällen mangelhaft sein sollte, sind unausgesetzt Kräfte am Werk, sie zu verbessern. Ich bin keineswegs mit allen Erkenntnissen des Reichsgerichts oder ihrer Begründung einverstanden und habe trotz meiner Zugehörigkeit zum Gerichtshof, wie alle übrigen Kollegen, die Freiheit, sie literarisch zu bekämpfen. Davon habe ich auch wiederholt ausgiebigen Gebrauch gemacht. Aber m. E. kann dies immer nur in einer Form geschehen, welche der gewissenhaften Geistesarbeit ernster Männer gerecht wird und die schon durch die Selbstachtung gebotene Achtung vor der Überzeugung anderer nicht beiseite setzt.[1]

Die strenge Auffassung des Reichsgerichts hinsichtlich der Formerfordernisse bei letztwilligen Verfügungen hat in weiten Kreisen der Bevölkerung lebhaften Widerspruch hervorgerufen. Sie ist auch fachwissenschaftlich bekämpft worden.[2] Gmelin[3] bezeichnet die Entscheidung Bd. 69 S. 79 als „unmenschlich". Ich glaube, daß mit solchen rabulistischen Äußerungen wenig geholfen ist. Die Mitglieder des IV. Zivilsenats sind keine Unmenschen; ebensowenig sind es die Rechtsanwälte, welche in drei Instanzen die schließlich siegreiche Ansicht vertreten haben. Auch ich kann, wie Gmelin und viele andere, die Auffassung des Reichsgerichts nicht teilen; das beweist aber noch nichts gegen ihre Richtigkeit. Die Vertreter des streng formalen Standpunktes machen geltend, daß das BGB. nur wenige Formvorschriften kennt, daß sie aber da, wo sie vorgeschrieben sind, auch angewandt werden müssen. Wenn man anfange, nach Lage des Einzelfalles, aus Billigkeitsrücksichten oder sonstigen Erwägungen etwas an den Formerfordernissen nachzulassen, so sei eine Grenze nicht zu finden. Hölder hat das Reichsgericht gerade deshalb angegriffen, weil es in einem anderen Falle (Gültigkeit eines eigenhändigen Testamentes mit dem Datum 19. April 1804 statt 19. April 1904) durch freiere Auslegung das Wesen der Formvorschrift verkannt habe.[4] M. E. sollte man bei der Auslegung von Formvorschriften grundsätzlich zwischen Rechtsgeschäften unter Lebenden und von Todes wegen unterscheiden. Für letztere sollte m. E. ein dem § 2084 BGB. entsprechendes Prinzip auch für die Form anerkannt werden. Wo Zweifel obwalten, ob der Formvorschrift noch genügt ist, sollte der Gesichtspunkt der Aufrechterhaltung des letzten Willens durchgreifen, so oft über diesen selbst Gewißheit besteht.

[1] Vgl. hierzu meine Ausführungen im Recht 1908 S. 263.

[2] Vgl. Danz, Deutsche Juristenzeitung 1909 S. 281.

[3] Deutsche Richterzeitung 1909 S. 101.

[4] Vgl. Beilage zur Allgemeinen Zeitung 1908 Nr. 46, ferner Iherings Jahrbücher Bd. 52 S. 303.

Dies hat auch seinen guten Grund. Denn bei Rechtsgeschäften unter Lebenden ist der durch die Verletzung der Formvorschrift angerichtete Schaden in der Regel in gewissem Maße reparabel. Bei letztwilligen Verfügungen ist er es nicht. Dem Gläubiger, dessen Wechselrecht versagt, weil der Wechsel ungesetzlich ist oder die zu seiner Erhaltung notwendigen Formalitäten verletzt sind, bleibt die Bereicherungsklage. Sie ist auch in anderen Fällen gegeben, um die Härten des formalen Rechts auszugleichen. Der wegen des Formmangels im eigenhändigen Testament eintretende Rechtserfolg kann aber, obwohl er mit dem klaren Willen des Erblassers im direkten Widerspruch steht, nicht beseitigt, ausgeglichen oder gemildert werden.

Die Autorität der deutschen Rechtsprechung wird aber allerdings durch zwei Einrichtungen unserer Prozeßordnung systematisch beeinträchtigt und untergraben, deren Beseitigung bzw. Reform dringend geboten ist; die eine ist die unbeschränkte Durchführung des Parteibetriebs im landgerichtlichen und oberlandesgerichtlichen Verfahren, die andere ist die Ausbildung unseres Rechtsmittelsystems.

Daß der theoretisch und doktrinär sehr gut zu rechtfertigende Parteibetrieb eine heillose Verschleppung der Prozesse zur Folge hat, kann von denen, welche die Praxis kennen, kaum ernstlich bestritten werden. Das ganze Odium dieser Verschleppung fällt auf den Richterstand. Der gemeine Mann kann es sich nicht vorstellen, daß die Gerichte den Vertagungs- und Verlegungsanträgen oder dem auf dem Einverständnis der Rechtsanwälte beruhenden Ausbleiben im Termin völlig machtlos gegenüberstehen. Es ist aber auch ein der Bedeutung der richterlichen Tätigkeit ganz unwürdiger Zustand, daß die Parteivertreter es in der Hand haben, im Verlaufe eines Prozesses sie jederzeit für eine längere oder kürzere Frist beliebig auszuschalten oder illusorisch zu machen. Wer einen Prozeß anhängig macht, der soll wissen, daß die staatliche Hilfe, die er damit für seine persönlichen Angelegenheiten in Anspruch nimmt, von ihm nicht nach Belieben oder Laune in Tätigkeit gesetzt oder wieder gehemmt werden kann. Er bleibt zwar der Herr des Streites, insofern es ihm überlassen bleiben muß, auf die in Anspruch genommene Staatshilfe zu verzichten oder über den Streitgegenstand zu verfügen und sich zu vergleichen. Aber die Parteien dürfen nicht insofern die domini litis sein, daß sie den ganzen Betrieb des Prozeßverfahrens dem Richter jederzeit aus der Hand winden können, ohne ihre Lage im Prozeß dadurch zu verändern. Es ist ein unerhörter Zustand, daß große Prozesse mit umfangreichem Material, die von den Richtern zur Vorbereitung der mündlichen Verhandlung sorgfältig studiert, vielleicht durch schriftliche Voten bearbeitet sind, am Terminstage kurz vor der Verhandlung abgesetzt werden müssen, weil der Anwalt, der den Fall plädieren will, es vorteilhafter findet, an diesem Tage bei einem auswärtigen Gerichte aufzutreten und auf die kollegiale Zustimmung des Gegenanwalts zur Vertagung rechnen kann. Welche Vergeudung wertvoller richterlicher Arbeit, die eben bei uns in Deutschland als solche überall die geringste Berücksichtigung und Einschätzung erfahren hat![1]

Ein zweiter schwerer Mißstand, den unsere Prozeßordnung heraufbeschworen hat, ist die endlose Dauer der Prozesse infolge der fast unbeschränkten Zulassung der Rechtsmittel. Wieder theoretisch und am grünen Tisch sehr schön ausgedacht und in der Prozeßordnung durchgeführt, aber in der Praxis von gleich großem Nachteil sowohl für die Interessen des rechtsuchenden Publikums, wie durch die damit verknüpfte Erschütterung der richterlichen Autorität. Um dem ersteren vom Gesetzgeber wohl erkannten Übelstand zu begegnen, hat man die vorläufige Vollstreckbarkeit der Urteile eingeführt; man hat aber damit nur zu zahlreichen überflüssigen Vollstreckungen und neuen Prozessen oder Schadenersatzansprüchen die Veranlassung geboten.[2] Ich brauche dies für den, der die Praxis kennt, nicht näher auszuführen, oder durch Hinweis auf die in Betracht kommenden Paragraphen zu belegen. Wenn man dem deutschen Volke mit Recht seine große Prozeßsucht zum Vorwurf macht, wenn man damit vergleicht, in welch geringem Umfang der Engländer die Justiz für seine Angelegenheiten in Anspruch zu nehmen gewohnt ist, und daraus vielleicht ungünstige Schlüsse auf den deutschen Volkscharakter zieht, so muß man andererseits zugeben, daß in Deutschland die Prozeßlust durch die Gesetzgebung geradezu gezüchtet wird. Nur zögernd und in den bescheidensten Grenzen hat der Gesetzgeber hier bisher Remedur geschaffen, nämlich auf dem Gebiete des Kostenwesens und durch Beschränkung der Beschwerden. Welche Schreiber- und Kalkulatordienste wurden den Gerichten bis in die höchsten Instanzen bei Kostenfestsetzungen und Beschwerden hierüber noch bis vor kurzem

[1] Auch Schwarz tritt für tunliche Beschränkung des Parteibetriebs ein, a. a. O. S. 221.

[2] Vgl. Sievers, Deutsche Juristenzeitung 1907 S. 897.

zugemutet, und welcher Aufwand von Zeit, Arbeit, Scharfsinn mußte für die geringfügigsten Wertobjekte mit kleinlicher und peinlicher Gewissenhaftigkeit aufgewendet werden!

Eine gewisse Beschränkung der Rechtsmittel wird für die Rechtsuchenden nicht eine Verkümmerung ihrer Rechtsverfolgung und Rechtsverteidigung, sondern gegenüber dem jetzigen Zustande, durch Abkürzung der Lebensdauer der Prozesse die größte Wohltat bedeuten.[1] Recht ist für die Parteien, was der letzte Richter spricht (vgl. oben S. 11) und diesen Ausspruch, unbeschadet der gründlichen Prüfung des Prozeßstoffs, tunlich bald herbeizuführen, muß die Aufgabe einer praktischen Prozeßgesetzgebung sein. Mit Recht ist auf die durch die lange Dauer der Prozesse bewirkte Vergeudung von National- und Staatsvermögen hingewiesen worden. Denn solange Vermögenswerte im Streit befangen sind, kann über sie nicht mit Sicherheit wirtschaftlich verfügt werden.[2] Mehr wie **zwei** Instanzen sollten in Zivilsachen grundsätzlich nicht eröffnet sein. Eine zweite Instanz ist allerdings wohl unentbehrlich. Vielfach stellen sich erst im Prozesse die Verhältnisse in einer Weise klar, wie sie vorher von keiner Seite beurteilt werden konnten. Gegen Versäumnisse, Irrtümer, Versehen, Überraschungen, falsche tatsächliche oder rechtliche Beurteilung muß eine Remedur und die Möglichkeit einer unbeschränkten Nachprüfung des Streitstoffs gegeben sein.[3] Aber man belasse es grundsätzlich bei dieser einen, wenigstens dann, wenn der erste und zweite Richter zu gleichem sachlichen Ergebnis gekommen sind. Mit denselben Gründen, mit denen man eine dritte Instanz eröffnet, könnte man auch eine vierte, eine fünfte rechtfertigen. Auch das Reichsgericht ist nicht unfehlbar, noch hat es sich je dafür gehalten. Zahlreiche Entscheidungen desselben würden zweifellos der Aufhebung oder Abänderung unterliegen, wenn wir erst eine Oberrevision und ein Oberreichsgericht hätten. Nur soweit es die Einheitlichkeit der Rechtsprechung erfordert, ist die Tätigkeit einer dritten Instanz praktisch zu rechtfertigen. Es ist eine bekannte Tatsache, daß kapitalkräftige Parteien, die sich den Luxus eines Prozesses gestatten können, insbesondere der Fiskus, große industrielle Unternehmungen, Banken, Groß-

[1] Vgl. meinen Aufsatz in der Zeitschrift für Rechtspflegen in Bayern 1908 S. 1 ff.

[2] Vgl. Neukamp im „Tag" vom 30. April 1909.

[3] Schwarz (a. a. O. S. 128, 220) will grundsätzlich sogar nur eine Tatsacheninstanz eröffnen (vgl. oben S. 49).

kaufleute bei Anhängigmachung eines Prozesses häufig von vornherein entschlossen sind, ihn nur durch das Reichsgericht entscheiden zu lassen. Die Urteile der Vorinstanzen, mit wieviel Scharfsinn, Fleiß, Sorgfalt und Gewissenhaftigkeit sie bearbeitet sein mögen, haben für sie höchstens die Bedeutung von Gutachten. Entspricht eine solche Auffassung der Bedeutung unserer Oberlandesgerichte, die mit den besten einzelstaatlichen Richtern besetzt sind?

Von diesen allgemeinen Gesichtspunkten aus bin ich in meinem mehrfach erwähnten Aufsatz in der Zeitschrift für Rechtspflege in Bayern dafür eingetreten, die Revision an das Reichsgericht nur bei Difformität der Entscheidungen der Vorinstanzen zuzulassen. Speziell gegen meine Darlegungen richtet sich das von Spring an den XIX. Deutschen Juristentag erstattete Gutachten (Bd. III S. 146), obwohl er sie nicht ausdrücklich zitiert. Ich kann nicht finden, daß Spring die für die Einführung des Difformitätsprinzips sprechenden Gründe auch nur einigermaßen richtig gewürdigt oder daß er sie widerlegt hätte. Die erwähnten allgemeinen, größeren Gesichtspunkte läßt er völlig unberührt. Sie haben für ihn anscheinend überhaupt kein Interesse. Andererseits wird aber auch der Hauptgrund seines Widerspruchs nicht erwähnt. Niemand wird es der Rechtsanwaltschaft beim Reichsgericht verdenken, wenn sie sich dagegen wehrt, daß infolge der Herabminderung der Revisionen ihr durchschnittliches Einkommen etwa auf das eines Senatspräsidenten beim Reichsgericht herabgedrückt wird. Aber abgesehen davon, daß dieser Gesichtspunkt nicht der ausschlaggebende sein darf, könnte den Interessen der Rechtsanwälte beim Reichsgericht in anderer Weise, z. B. durch Erhöhung ihrer gesetzlichen Gebühren oder durch Einschränkung ihrer Zahl, Rechnung getragen werden.

Will man das Reichsgericht wirklich entlasten, will man Vorsorge treffen, daß der höchste deutsche Gerichtshof bei der stetig zunehmenden Zunahme der Bevölkerung und der Prozesse nicht zu einer Urteilsfabrik herabsinkt, für welche unausgesetzt neue Taglohnarbeiter angestellt werden müssen, deren einzelne Abteilungen immer mehr des Zusammenhangs unter sich ermangeln, so kann das m. E. nur dadurch geschehen, daß man die Zahl der an das Reichsgericht gelangenden Sachen wirksam beschränkt.

Von den Vorschlägen, die zur Entlastung des Reichsgerichts unaufhörlich teils von kundiger, teils von unkundiger Seite gemacht werden, gilt dasselbe wie von den Vorschlägen für die notwendig gewordenen neuen Steuern. Sie gefallen niemand — aber trotzdem muß auf irgendeine Weise geholfen werden. Alle Vorschläge, welche auf eine Änderung des Rechtsmittels der Revision hinauslaufen, sind entweder ungeeignet, die Aufgabe des Reichsgerichts zu erleichtern, oder sie würden nur eine Verschlechterung des Revisionsverfahrens herbeiführen. Das erstere gilt von der Einführung einer Vorprüfung über die Aussichten der Revision. Die zahlreichen Anträge auf Einlegung der Revision, die zurzeit von den Rechtsanwälten beim Reichsgericht auf die Möglichkeit eines Erfolgs geprüft werden, müßten besonderen Vorprüfungssenaten zugewiesen werden. Jeder, der in der Berufungsinstanz unterlag, wollte dann einen Bescheid des Reichsgerichts wenigstens darüber haben, ob seine Revision nicht ganz aussichtslos ist. Die Funktion einer solchen Vorprüfung versieht zurzeit die Rechtsanwaltschaft beim Reichsgericht mit anerkennenswertem Geschick. Die Schwierigkeit und Verantwortlichkeit dieser Aufgabe, die große Arbeitsleistung, welche sie erfordert, wird von Salinger in seinem im Berliner Anwaltsverein gehaltenen Vortrage völlig verkannt.[1] Salinger will der Überlastung des Reichsgerichts dadurch abhelfen, daß er die mündliche Verhandlung in der Revisionsinstanz abschafft oder fakultativ macht; er will gleichzeitig aber die Revision gegen alle Urteile der Berufungsinstanz eröffnen, soweit der Wert des Beschwerdegegenstandes 300 Mark übersteigt. Da über die Revision aber doch von einem Kollegium — Salinger schlägt ein solches von drei Richtern vor — entschieden werden soll, so müßte der Fall jeweils von einem Berichterstatter vorgetragen werden oder die Akten müßten von jedem einzelnen Mitglied studiert werden. An Stelle des Vortrags des Rechtsanwalts müßte also der des Berichterstatters oder ein eingehendes Aktenstudium jedes einzelnen Gerichtsmitgliedes treten. Eine Zeitersparnis würde dabei sicher nicht erzielt. Was würde aber weiter eintreten? Während jetzt die Rechtsanwälte des Reichsgerichts (wenigstens in der überwiegenden Mehrzahl) ihre Rechtsausführungen kurz, scharf pointiert und möglichst zusammengedrängt vortragen, würde das Reichsgericht mit endlosen schriftlichen Revisionsbegründungen mit ganzen Monographien von Rechtskonstruktionen und Rechtsdeduktionen überschüttet werden. Wir erleben dies jetzt schon in Patentberufungssachen, wo die schriftlichen

[1] Vgl. Veröffentlichungen des Berliner Anwaltsvereins Heft 23, 1909.

Begründungen der Berufung durch Ausführlichkeit, Breite und überflüssigem Aufwand von rechtlichen Erörterungen dem Studium des Berichterstatters häufig eine ebenso mühevolle und zeitraubende als überflüssige Arbeit verursachen. Vollends aber der gleichzeitige Vorschlag, die Revisionssumme auf 300 Mark herabzusetzen! Welche enorme Steigerung der Revisionsfälle würde die Folge sein! Welch ein neuer ungeheurer Anreiz zu endloser Prozeßführung! Jeder, der in Deutschland einen Prozeß mit mehr als 300 Mark Streitwert führt, würde angereizt werden, seine Sache vor das Reichsgericht zu bringen. Wenn sich jemand mit der Aufgabe beschäftigte, die Prozeßsucht möglichst zu steigern und die Lebensdauer der Prozesse tunlichst zu verlängern, er könnte kaum ein geeigneteres Mittel ersinnen. Zwanzig Zivilsenate des Reichsgerichts würden nicht ausreichen, diesen enormen Arbeitsstoff zu bewältigen. Und dieser Vorschlag wird von einem anerkannt hervorragenden Praktiker zur „Entlastung des Reichsgerichts" gemacht!

Daß die sog. „kleinen Mittel" zur dauernden Entlastung des Reichsgerichts unzureichend sind, wird fast allseitig anerkannt.[1] Man wird deshalb doch dazu gelangen müssen, entweder die Revisionssumme zu erhöhen, oder das Difformitätsprinzip einzuführen.

Die letztere Maßregel entspricht der oben (S. 53) aufgestellten Forderung einer zweckmäßigen Gesetzgebungspolitik. Jede Partei

---

[1] Freilich sind auch diese kleinen Mittel keineswegs zu verachten. Ich führe ein Beispiel an. Mein verstorbener Freund und Senatskollege Dr. Rehbein, mit dem ich mich in sehr vielen juristischen und nichtjuristischen Fragen in seltener Übereinstimmung der Ansichten befand, konnte es nicht unterlassen, mir, dem jüngeren Kollegen, sein Mißfallen darüber anzudeuten, daß ich bei der Ausarbeitung reichsgerichtlicher Urteile an Stelle eines ausführlichen Tatbestandes mich regelmäßig mit der Verweisung auf den Tatbestand der Vorinstanzen begnüge. Er selbst fertigte jeweils einen überaus sorgfältigen und ausführlichen neuen Tatbestand. Meinem Einwand, daß ich mich nicht für verpflichtet halte, das zu wiederholen, was schon aus den Instanzurteilen zu entnehmen sei, begegnete er mit dem Hinweis, daß es für die etwaige künftige Verwendung des Urteils notwendig sei, das Tatsachenmaterial zu kennen. Darauf entgegnete ich, daß ich so viel Tatsächliches in jedem Falle in das Referat oder in die Begründung aufnehme, daß die Rechtsfrage verständlich ist. Mag man nun die Methode Rehbeins oder die meinige für richtiger halten — in jedem Falle würden dem Reichsgericht viele Hunderte von Arbeitsstunden gespart, wenn das Reichsjustizamt die Landesjustizverwaltungen um die Anordnung ersuchte, daß der Vorlage der Akten jeweils Ausfertigungen der Urteile erster und zweiter Instanz beigefügt werden, die bei den reichsgerichtlichen Akten zu

sollte sich grundsätzlich dabei beruhigen, daß zwei Richterkollegien ihre Sache geprüft haben und zu demselben sachlichen Ergebnisse gelangt sind. Wenn dagegen eingewendet wird, daß der zweite Richter mitunter aus ganz anderen Gründen zu der gleichen Entscheidung gelangt, wie der erste, so ist dies zwar richtig; solche Fälle bilden aber doch nicht die Regel, sondern die Ausnahme. Für ganz indiskutabel halte ich den Einwand, die Oberlandesgerichte würden bei Einführung der Irrevisibilität der duae conformes grundsätzlich geneigt sein, wie die erste Instanz zu erkennen. Wie kann man gegen die deutschen Richter einen solchen Vorwurf erheben! Wie kann man es für möglich halten, daß ein Richter oder vollends ein Kollegium der höchsten einzelstaatlichen Gerichte gegen seine bessere Überzeugung einer Partei Recht oder Unrecht geben würde, lediglich um die Revision abzuschneiden, deren Erfolg oder Mißerfolg ihm in der Hauptsache ganz gleichgültig sein kann! Höchstens könnte der Fall eintreten, daß ein nicht revisibles Urteil weniger sorgfältig begründet, oder daß Beweisanträgen, die das Gericht für gänzlich überflüssig hält, nicht entsprochen würde. Das wäre doch kein Unglück. Das englische Volk hat zu seinen Richtern so großes Vertrauen, daß es ihnen die Entscheidung darüber anheimgibt, ob das Rechtsmittel zulässig ist oder nicht.[1] Und in Deutschland scheut man sich nicht, die Oberlandesgerichte durch den Vorwurf zu verdächtigen, sie würden wider besseres Wissen oder wenigstens leichtfertig und unsorgfältig judizieren, lediglich um ihre Entscheidung irrevisibel zu machen.

Der einzige Einwand, der mit einigem Rechte gegen die Einführung des Difformitätsprinzips geltend gemacht werden kann, ist der, daß sich möglicherweise in den Oberlandesgerichtsbezirken eine partikulare Rechtsprechung in gewissen Materien ausbilden könnte. Dieser Gefahr kann jedoch wirksam dadurch begegnet werden, daß man das Difformitätsprinzip nicht unbeschränkt durchführt, sondern die Revision

---

verbleiben hätten. — Vgl. hierzu auch Peters a. a. O. S. 135; Hoffmann, Deutsche Juristenzeitung 1909 S. 230. — Nicht befreunden kann ich mich mit dem Vorschlage von Peters, eine Sukkumbenzstrafe für die Revisionsinstanz einzuführen; wer seinen Prozeß in letzter Instanz verloren und die Prozeßkosten dreier Instanzen zu tragen hat, ist in der Regel schon dadurch genug gestraft. Wer diese Eventualität riskiert, den wird auch die Sukkumbenzstrafe nicht abschrecken.

[1] Vgl. oben S. 46 und Peters a. a. O. S. 37, 43.

bei duae conformes dann zuläßt, wenn eine erhöhte Revisionssumme, vielleicht von 10000 Mark, vorhanden ist. Hier würde es auch die größere materielle Bedeutung der Streitsache rechtfertigen, von dem Difformitätsprinzip eine Ausnahme zu machen.

So wichtig für die Autorität der Rechtsprechung und das mit ihr untrennbar verbundene Ansehen des Richterstandes eine zweckmäßige Gerichtsorganisation, eine auf gesunder Gesetzespolitik beruhende Prozeßordnung ist, so wäre es doch verkehrt, in dieser Beziehung alles von dem Gesetzgeber zu erwarten. Die beste Hilfe ist — soweit sie innerhalb der gesetzlichen Schranken möglich ist — immer die Selbsthilfe. Die in Deutschland als notwendig empfundene Justizreform muß auch durch die Initiative und das einmütige Bestreben der deutschen Richter selbst gefördert werden. Wie der einzelne sich im Leben und in der Gesellschaft seine Position schaffen oder das Errungene behaupten muß, so muß es auch der deutsche Richterstand als solcher. Von diesem Gesichtspunkte aus sind die in den letzten Jahren vollzogenen Organisationen der deutschen Richter aufs lebhafteste zu begrüßen. Es ist von denselben nicht nur die Wahrnehmung der Standes- und Berufsinteressen zu erwarten, welche die Richter bisher im wesentlichen den obersten Justizaufsichtsbehörden überlassen haben. Vielmehr erhoffen wir von den deutschen Richtervereinen und dem deutschen Richterbund einen wirksamen und segensreichen Einfluß auf das gesamte Rechtsleben. Bisher ist die Stimme des deutschen Richters bei unseren Gesetzgebungswerken als solche nie zur Geltung gekommen, während der schon seit Jahrzehnten organisierte Anwaltsstand zu allen seine Interessen berührenden Fragen jeweils Stellung nimmt und sich mitunter mit größter Energie Gehör verschafft. Wenn die Justizverwaltungen nicht von sich aus zur Vorbereitung der Gesetzesvorlagen den Rat oder die Hilfeleistung von richterlichen Praktikern in Anspruch nähmen, oder wenn die in den Parlamenten als Abgeordnete tätigen Richter ihre Auffassung hier nicht zur Geltung brächten, wäre die Mitwirkung des deutschen Richterstandes bei den großen Gesetzgebungsfragen in Deutschland überhaupt ganz ausgeschaltet. In den publizistischen Organen der Richtervereinigungen können auch die täglich auftauchenden Probleme der gerichtlichen Praxis erörtert und die gemachten Erfahrungen ausgetauscht werden. Die Erörterung wird hier weniger vom wissenschaftlichen oder doktrinären, als vorwiegend vom praktischen Standpunkte aus zu erfolgen haben. Ich hoffe es beispielsweise noch zu erleben, daß durch die Initiative der deutschen Richter die Unmittelbarkeit der Beweisaufnahme vor dem erkennenden Gerichte wesentlich dadurch gefördert (oder vielmehr erst ermöglicht) wird, daß die Parteien, Zeugen und Sachverständigen vor dem Kollegium gehört und ihre Aussagen gleichzeitig durch einen notwendig der Stenographie kundigen Gerichtsschreiber aufgenommen werden, wie dies in England der Fall ist. Einer Reihe von Mängeln, Nachteilen, Weitläufigkeiten des Verfahrens könnte schon unter der Herrschaft des geltenden Rechts durch eine verständige Gerichtspraxis gesteuert werden.[1] Ich verweise auf die bei den sächsischen Gerichten übliche, ausgezeichnet bewährte Methode in Prozessen über Gegenstände des gewerblichen und geistigen Rechtsschutzes (Patente, Gebrauchsmuster, Urheberrechte) schon zu der ersten mündlichen Verhandlung von Amts wegen einen Sachverständigen zuzuziehen, damit die zu erwartende Beweisanordnung mit der nötigen Sachkunde getroffen werden kann. Auf diesem Gebiete eröffnen sich den deutschen Richtervereinen große und bedeutungsvolle Aufgaben. Mögen sie als solche erkannt und zum Heil und Gedeihen der Rechtspflege gelöst werden!

VI.

Zur Abwehr. Soziologische Rechtsprechung. Pandektitis. Die Lüge im Prozeß.

Mit den Schriften von Rechtsanwalt Ernst Fuchs (Karlsruhe) habe ich mich in einigen Aufsätzen im Recht (1907 S. 1027, 1390, 1908 S. 257) kurz beschäftigt. Einige meiner Freunde haben mir den Rat erteilt, mich mit diesem Schriftsteller nicht weiter literarisch auseinanderzusetzen. Denn wenn ich auch das Beste zu sagen wüßte, und ob ich „mit Menschen- und mit Engelszungen redete", so würde er doch immer Mittel und Wege finden, mir sozusagen „das Wort im Munde herumzudrehen" und durch Entstellung meiner Ausführungen sich Stoff zu neuen Angriffen zu verschaffen; Fuchs suche die literarische Fehde geflissentlich, um sie als Reklame zu benutzen.

Der Rat mag ebenso klug sein, als er offenbar gut gemeint ist. Aber abgesehen davon, daß ich Fuchs etwas anders einschätze — ich

[1] Vgl. meine Ausführungen im Recht 1907, S. 1034, Deutsche Richterzeitung 1909 S. 49ff.

bin nun einmal Optimist und kann mich nicht ändern —, möchte ich nicht, daß mein Stillschweigen Mißdeutungen ausgesetzt ist. Auch habe ich zu großes Vertrauen zu dem gesunden Empfinden urteilsfähiger Leser, als daß ich die mir aufgedrängte Polemik zu scheuen bräuchte. Diejenigen aber, die schon durch Phrasen wie Romanismus, Scholastizismus, Bovigus, Pandektologie, Pandektolotterie, Pandektitis, Konstruktionologie, soziologische Rechtsprechung, Kryptosoziologie usw. fasziniert werden, können mir in jedem Falle gewogen bleiben.

1. Fuchs ist ein radikaler Anhänger der sog. „freien Rechtsfindung", mit welcher ich mich in den vorausgehenden Abschnitten auseinandergesetzt habe. Ich halte sie für eine gesunde und berechtigte Reaktion gegen die gelehrte und einseitig doktrinäre Richtung in unserer Jurisprudenz, muß aber ihre extremen Forderungen entschieden ablehnen. Fuchs ist aber außerdem Nietzscheaner, Freidenker und Atheist und macht hierfür in seinen die Justizreform behandelnden Schriften Propaganda. M. E. sollte man diese Dinge nicht miteinander verquicken. Wenn es in diesem Abschnitt geschieht, so bin ich durch die Fuchssche Polemik dazu genötigt. Ich habe schon früher (Recht 1907 S. 1030) davor gewarnt, die in unserem Volksleben bestehenden großen religiösen und politischen Gegensätze auf das „geruhigte" Gebiet der Justiz zu übertragen. Hier sollten alle, denen ein gesunder Fortschritt, eine Verbesserung unserer Rechtszustände am Herzen liegt, unter Beiseitestellung der sonst zwischen ihnen bestehenden Gegensätze einmütig zusammen arbeiten. Fuchs hält diesen Standpunkt natürlich nicht für berechtigt. Gleichwohl hat er die in seiner ersten Schrift ausgegebene Parole: „Los von Rom!"[1] in seinem neuesten Werke durch den harmloseren Wahlspruch: „Los vom Planck!" ersetzt.

Da mir Fuchs hinsichtlich meiner richterlichen Berufstätigkeit anscheinend nichts anzuhängen weiß — er spendet ihr sogar gelegentlich auf Kosten anderer ein ganz unverdientes Lob —, so hat er sich zum Ausgangspunkt seiner Angriffe meine beiden gegen den modernen Nietzschekultus gerichteten Schriften ausgewählt.[2]

Schon in seiner ersten Kundgebung „Schreibjustiz und Richterkönigtum" hat mich Fuchs in seiner liebenswürdigen Ausdrucksweise

---

[1] Schreibjustiz und Richterkönigtum S. 45.

[2] Nietzsches Philosophie vom Standpunkt des modernen Rechts. 2. Aufl. 1907, N. Philosophie und das heutige Christentum, 1907; bei Veit & Comp., Leipzig.

als mit dem Geist der „Schwere und Pedanterie und mit einer Zerrbildvorstellung von Wissenschaftlichkeit" behaftet der Juristenwelt vorgestellt. Er schreibt: „unserem Juristen hatte dieser ragende, schönheitstrunkene Künstlerheros (Nietzsche) nur noch Augen für das Verkehrte und Abscheuliche an einer Sache, als wäre sein geistiges Auge von einem Splitter des zerbrochenen Zauberspiegels in Andersens Schneekönigin getroffen worden". In Wahrheit habe ich aber über Nietzsche in dieser Beziehung folgendes gesagt:

„Nietzsche war eine fein organisierte Natur mit reicher ästhetischer Begabung. Seine musikalische Veranlagung war so groß, daß er sich beim Abgang vom Gymnasium ernstlich die Frage vorlegen durfte, ob er nicht die Musik als Lebensberuf wählen sollte. Zu der musikalischen kam eine unverkennbare dichterische Begabung. Wenn reiche Phantasie, zartes Formempfinden und ungewöhnliche Beherrschung des Ausdrucks für einen lyrischen Dichter ausreichen, so sollte man annehmen, daß Nietzsche ein solcher gewesen wäre. Aber seine zahlreichen Gedichte (Gedankenlyrik) hinterlassen keinen nachhaltigen Eindruck. Es fehlt ihnen alle Wärme und Tiefe des Gemüts. Dagegen ist Nietzsche als poetischer Prosaist ein wahrer Meister, und den großen Erfolg der von ihm vorgetragenen Ansichten verdankt er wohl in erster Reihe der bestrickend reizvollen Form, in der er sie zum Ausdruck bringt."

Ich habe sodann die kritische Veranlagung Nietzsches als einen weiteren hervorstechenden Zug seiner Begabung bezeichnet und hinzugefügt: „Aber seine Kritik, so aufrichtig sie gemeint gewesen sein mag, ist nirgends eine objektive; sie übt sich nicht an dem tatsächlichen Befund, sondern sie entstellt und übertreibt in willkürlicher Weise." Hierbei habe ich auf Andersens Märchen von dem Zauberspiegel verwiesen, dessen Splitter denjenigen, dem sie ins Auge fuhren, nur noch das Häßliche und Abscheuliche an einer Sache erkennen ließen und beigefügt:

„Man könnte meinen, ein solcher Splitter habe sich auch in Nietzsches geistiges Auge verloren, wenn man liest, daß er unsre ganze heutige Kultur als „moderne Barbarei" erklärt, unsere Bildungsanstalten als „Pflanzstätten der gelehrten Fettsucht" verurteilt, wenn er vom Staate sagt, er sei „ein kaltes Untier, das kälteste aller kalten Ungeheuer, lüge in allen Zungen und was er habe, habe er gestohlen", wenn er „Christentum und Alkohol als die beiden großen Mittel der Korruption" bezeichnet und die christliche Charitas und Humanität „für eine Kunst der Selbstschändung, einen Willen zur Lüge um jeden Preis, eine Verachtung aller guten und rechtschaffenen Instinkte erklärt."

Ich denke dieses Urteil ist etwas ganz anderes, als was Fuchs mir unterschiebt.

In seiner „Gemeinschädlichkeit der konstruktiven Jurisprudenz" (S. 112 Fußnote) behauptet Fuchs, ich ließe in meiner zweiten Schrift Nietzsche nur die Wahl zwischen „gehirnkrankem Literaten" oder „abszönem Paralytiker" auf der einen und „ordinärem Charakter" oder „ordinärstem Frechling" auf der anderen Seite. Auch dies ist eine ganz falsche Darstellung. Nietzsche hat in seinen Schriften der achtziger Jahre das Christentum in leidenschaftlichster Weise angegriffen, und zwar nicht etwa bloß das dogmatische oder kirchliche, sondern die christliche Ethik. Er behauptet, die christliche Moral in ihrer Gemeinschädlichkeit[1] „entdeckt" zu haben und bezeichnet sie als die bösartigste Form des Willens zur Lüge, als die eigentliche Circe, die die Menschheit verdorben hat, als eine „Idiosynkrasie von Décadents".[2] Er begnügt sich aber nicht mit philosophischen Betrachtungen. Er hat in seinem Zarathustra den welthistorischen Ausruf Luthers auf dem Wormser Reichstag: „Hier stehe ich, ich kann nicht anders, Gott helfe mir!" zu einer gemeinen Zote verwertet; er hat die Abendmahlsfeier, die doch nun einmal der Mittelpunkt der christlichen Kulte ist (mag man sie dogmatisch auffassen oder nur als Symbol anerkennen oder als historischen Mythus erklären), als „Eselsfest" persifliert. Ich habe mit Bezug auf diese beiden Kundgebungen die Überzeugung ausgesprochen, daß der gesunde Nietzsche hierzu nicht fähig gewesen wäre. „Ist Nietzsche aber, wie seine Verehrer behaupten, bei Abfassung des Zarathustra kein Gehirnkranker, kein Unzurechnungsfähiger gewesen, sind solche Geistesprodukte nicht lediglich auf die Obszönität des Paralytikers zurückzuführen, so muß man Nietzsche für einen der ordinärsten Frechlinge erklären, die man sich denken kann." Diese Beurteilung halte ich aufrecht und füge hinzu, daß ich jeden für einen ordinären Frechling erkläre, der solche Schamlosigkeiten billigt oder verteidigt!

Meine Annahme, daß Nietzsche bei Abfassung des Zarathustra geisteskrank war, stützt sich auf das Urteil erster wissenschaftlicher Autoritäten. Der berühmte Würzburger Physiologe Fick erklärte schon im Jahre 1892 Nietzsche auf Grund seiner Schriften für einen irrsinnigen Literaten. Wundt hält es als zweifellos, daß Nietzsche „von

[1] Ebenso wie jetzt Fuchs die Gemeinschädlichkeit unserer ganzen heutigen Jurisprudenz entdeckt hat!

[2] Vgl. Ecce homo 122ff.

Anfang an eine pathologische Persönlichkeit" war. Die psychiatrische Forschung, auf welche Fuchs doch sonst so große Stücke hält, hat den fortschreitenden Einfluß der Paralyse in den Schriften Nietzsches der achtziger Jahre und ihre Ursache mit seltener Einmütigkeit nachgewiesen (vgl. Kraepelin, Möbius, Bilharz, Hellpach u. a.).

Fuchs meint (a. a. O.), wenn Nietzsche das Mitleid verwerfe, so sei dies allerdings falsch und extrem und über das Ziel hinausschießend. Es ist aber unmöglich und vom Standpunkt philosophischer Betrachtung geradezu irreführend, einen einzelnen Stein aus dem Gebäude der Nietzscheschen Ideenwelt herauszureißen. Wenn die christliche (und auch die jüdische) Moral sich in das schöne Wort Goethes zusammenfassen läßt: „Edel sei der Mensch, hilfreich und gut," so lehrt Nietzsche, indem er diese herrschende Moral für einen „Vampyrismus der Menschheit" erklärt: Grausam sei der Mensch, selbstisch und böse (böse im Sinne der herrschenden Moral[1]). Daher die Verwerfung des Mitleids, die Verurteilung der Nächstenliebe als „schrecklichstes Laster", daher der Lobpreis der „Raubtiermoral", die Verherrlichung der „blonden Bestie", die Bewunderung und Glorifizierung des Verbrechertums.

Übrigens haben mir urteilsfähige Bewunderer Nietzsches erklärt, daß sie viel eher den Standpunkt derjenigen verstehen, welche diese Philosophie eines auf die äußersten Konsequenzen durchgeführten, überstiegenen Individualismus und Solipsismus grundsätzlich ablehnen, als solche, welche die angeblichen „Extreme" Nietzsches, seine Immoralitätslehre, seine Verachtung des Weibes, seine bedingungslose Verwerfung der herrschenden Moral, seine leidenschaftliche Verurteilung des Christentums im Widerspruch zu seinen Aussprüchen und ganz gegen seine Intentionen zu bemänteln und zu verschleiern suchen.

Niemand wird behaupten können, daß ich in meinen erwähnten Schriften seinem religiösen Standpunkt oder seiner Weltanschauung zu nahe getreten wäre, möge sie eine jüdische oder christliche, katholische oder evangelische, monistische oder sonst freidenkerische sein. Ich habe mich streng an mein Thema gehalten. Daß die Zurückweisung pamphletartiger Angriffe nicht immer mit muckerischer Sanftmut geschehen kann, wird jeder objektive Beurteiler zugeben. Fuchs dagegen „hält sich für legitimiert", diejenigen, welche den Angriffen Nietzsches

---

[1] Ecce homo 126.

gegenüber ihrer Überzeugung gemäß den christlichen Standpunkt vertreten als Ottergezücht, als Pharisäer, als Pamphletisten zu beschimpfen. Ich weiß mich frei von antisemitischen Regungen. Ich bin stolz darauf, hervorragende jüdische Männer zu meinen besten und zuverlässigsten Freunden zu zählen und könnte mich vielleicht als Philosemiten bezeichnen. Durch Allüren, wie sie Fuchs in die „wissenschaftliche" Diskussion einführt, wird, wie ich besorge, lediglich Wasser auf die Mühlen des offenen und geheimen Antisemitismus geleitet. Erfreulicherweise wird in den Kreisen gebildeter Freidenker ein Fanatismus, wie ihn Fuchs in seinen Schriften entwickelt, auf das entschiedenste mißbilligt (vgl. den vortrefflichen Aufsatz „Der Fall Richter" in der Zeitschrift Das freie Wort, Jahrgang IX S. 147).

Es fällt mir natürlich nicht im Traum ein, mich mit Fuchs über religiöse oder philosophische Fragen auseinandersetzen zu wollen. Seine Verständnislosigkeit auf diesen Gebieten wird höchstens durch seine Intoleranz überboten. Meine unbegrenzte Heiterkeit mußte es erregen, von ihm — zusammen mit Justizrat Dr. Stranz in Berlin — unter die „Offenbarungsdogmatiker"[1] versetzt zu werden.

II. **Die Fuchssche Kritik der Rechtsprechung.** Ich kehre zum Thema dieser Schrift zurück. Fuchs hat in mehreren Aufsätzen in Holdheims Monatsschrift (gesammelt und ergänzt unter dem Titel „Recht und Wahrheit in unserer heutigen Justiz"[2] und „Die Gemeinschädlichkeit der konstruktiven Jurisprudenz"[3]) die Rechtsprechung des Reichsgerichts einer fortlaufenden Kritik unterworfen. Es wird da über Entscheidungen, die er nicht billigt, „Feuerio" geschrien, es wird von „aberwitziger Begriffsjurisprudenz", von einem „Kauderwelsch der Gründe", „Unsinn", „eunuchenhafter Justiz", „partieller geistiger Verwirrung", „abenteuerlichen Spintisierungen", es wird von Richtern gesprochen, welchen „Herz, Verstand und Gemüt völlig abhanden gekommen ist". Ich bin dieser in der Tat neuen Form der Kritik im „Recht" 1908 S. 257 entgegengetreten. Durch eine derartige Beschimpfung würde, wenn sie Nachahmung fände, in die wissenschaftliche Diskussion

---

[1] Recht 1907 S. 1385.

[2] Carl Heymann, Berlin 1908.

[3] G. Braunsche Hofbuchdruckerei, Karlsruhe 1909.

jener „Sauherdenton“ getragen, den wir in den politischen Kämpfen mitunter beklagen müssen. Bedauerlich halte ich es auch, daß ein deutscher Anwalt des Rechts seine Kritik der Rechtsprechung des höchsten Gerichtshofs nicht anders als in Formalinjurien zum Ausdruck zu bringen versteht. „Du bist im Unrecht, denn du schimpfst!“ hat mir Fuchs zugerufen, als ich ihm schon früher — wahrheitsgemäß — die Verdrehung und Entstellung meiner Ansichten vorwarf.[1] Seine Kritik der reichsgerichtlichen Rechtsprechung ist aber ein fortgesetztes Geschimpfe, so daß man bei Anwendung seiner eigenen Theorie schon daraus folgern müßte, daß er sich fortgesetzt und in allen Beziehungen im Unrecht befindet.

Fuchs hat zur Rechtfertigung vor sich und vor anderen einen überzeugenden Verteidigungsgrund in petto. Er will Nietzsche-Zarathustra sprechen lassen, „den wir Juristen so schwer in unsere Paragraphen unterbringen können“. „Sie hören nur meine Winterstürme pfeifen und nicht, daß ich auch über warme Meere fahre, gleich sehnsüchtigen, schweren, heißen Südwinden.“ Fuchs ist für seine Südwinde offenbar sehr eingenommen. Aber er sollte es nicht so „ganz unbegreiflich“ finden, wenn andere seinen Geschmack nicht teilen. Insofern freilich muß ich ihm unbedingt Recht geben, als auch mir seine sämtlichen praktischen Vorschläge (soweit sie original sind) und recht viele seiner Kritiken außerordentlich windig vorgekommen sind.

Einfacher und noch überzeugender ist seine zweite Verteidigung. Fuchs steht offenbar (wie Nietzsche) auf dem Standpunkt der doppelten Moral. Wenn andern gegenüber pamphletartigen Angriffen mit seiner Sprache zu reden „das Herz zusammenkrampft“, und sie ihrer Gewissensüberzeugung entsprechend darauf entgegnen, so ist das das Quietschen des „Ottergezüchts“. Wenn aber Fuchs in leidenschaftlichem Zorn entbrennt, weil er über einen Rechtsfall oder seine Begründung anderer Ansicht ist, dann ist das „der durch die Wälder brausende Sturm eines epochalen und katastrophösen Geisteskampfes!“

In diesem Zusammenhange will auch ich mich einmal auf einen Ausspruch Nietzsches beziehen, damit Fuchs nicht meint, daß er allein dieses Kunststück fertig bringt. Ich will das Urteil wiedergeben, das Nietzsche über die Freidenker fällt.[2] Es lautet:

---

[1] Vgl. Recht 1907 S. 1389.
[2] Ecce homo 73.

.... bis heute ist mir nichts fremder und unverwandter als die ganze europäische und amerikanische Spezies von „libres penseurs“. Mit ihnen als mit unverbesserlichen Flachköpfen und Hanswürsten der „modernen Ideen“ befinde ich mich sogar in einem tieferen Zwiespalt als mit irgendwem von ihren Gegnern. Sie wollen auf ihre Art die Menschheit verbessern, nach ihrem Bilde; sie würden gegen das, was ich bin, was ich will, einen unversöhnlichen Krieg machen, gesetzt, daß sie es verstünden — sie glauben allesamt noch ans „Ideal“.

Das Urteil Nietzsches ist, wie alle Verallgemeinerungen dieser Art, einseitig und deshalb ungerecht. Aber wenn man liest, wie Fuchs von allen „modernen Ideen“ fasziniert ist, wie er in seinen Schriften völlig kritiklos und ohne Betrachtung der Kehrseiten die völlige Umgestaltung unseres ganzen Schulwesens, Abschaffung des Studiums der alten Sprachen, Abschaffung unseres Mathematikunterrichts, Abschaffung des staatlichen Religionsunterrichts, Abschaffung der Bibel,[1] Abschaffung des Studiums des römischen Rechts,[2] Abschaffung der Beamtenminister,[3] Abschaffung des beamteten Richtertums,[4] freie periodische Wahl der Richter durch das Volk (vermutlich nach dem Reichstagwahlsystem!), schleunigste Abschaffung unserer Zivilprozeßordnung, schleunigste Abschaffung unseres Bürgerlichen Gesetzbuchs, sofortige Einführung des Schweizer Zivilgesetzbuchs und der österreichischen Prozeßordnung, Abschaffung des Anwaltszwangs[5] ꝛc ꝛc verlangt, so muß man sagen: Der Hanswurst aller modernen Ideen geberdet sich auf jeder Seite!

Glückliches Deutschland, wenn erst die Fuchsschen Südwinde darüber wehen! Für den Fall, daß seine Vorschläge nicht alsbald befolgt werden, hat Fuchs nichts geringeres in der Tasche als eine kleine Revolution.[6] Wie wenig kennt Fuchs, der sich in seiner im „Teutoniaverlag“ erschienenen Schrift als Interpret „deutscher Gemütskraft“ ausgiebt, die deutsche Volksseele!

Fuchs ist ein Idealist, und das eben rechne ich ihm zur Ehre! Er ist aber zugleich ein Ideologe, wie ihn Neumann[7] zutreffend be-

[1] Schreibjustiz und Richterkönigtum S. 8—41.
[2] Ebenda S. 113.
[3] Ebenda S. 99.
[4] Ebenda S. 221.
[5] Die Gemeingefährlichkeit usw. S. 249.
[6] Schreibjustiz und Richterkönigtum S. 114.
[7] Juristische Wochenschrift 1908 S. 668.

zeichnet. Er gehört in die Kategorie jener „Allerweltsverbesserer", die für jeden Mangel menschlicher Zustände, wie der berühmte Doktor in Donizettis Liebestrank, sofort das geeignete Heilmittel in der Tasche tragen.[1]

III. **Soziologische Rechtsprechung.** Fuchs kann nach Art gewisser Handlungsreisenden von sich sagen: „wir führen nur die allerneuesten Artikel". Und wenn doch etwas nicht ganz neu sein sollte, so wird ihm durch eine geeignete Phraseologie oder Reklame wenigstens der Anschein der Neuheit verliehen. Seine neueste Schrift: „Die Gemeinschädlichkeit der konstruktiven Jurisprudenz" wird von dem Verlag mit folgender Reklame angekündigt: „Die Schrift verwirft unser ganzes juristisches System, die sog. konstruktive Jurisprudenz als falsch und zeigt einer völlig neuen psychologisch-soziologischen Rechtslehre den Weg." Nun ist aber die Verwertung der Psychologie für die Rechtsprechung in unserer raschlebenden Zeit durchaus kein neues Postulat mehr. Irgendwelche neuen Gesichtspunkte in dieser Hinsicht bietet Fuchs nicht. Und auch im übrigen muß Fuchs gleich auf der ersten Seite seiner Schrift zugeben, daß die angeblich „neue Methode" von jeher die Denkweise aller nicht „von romanistischer Scholastik Befangenen" gewesen sei.

Das Wort „soziologisch" kommt in den Schriften von Fuchs einige hundertmal vor. Was er darunter versteht, sagt er nirgends. Er kann es uns nicht sagen; niemand kann es uns sagen; er weiß es selbst nicht.

Soziologie heißt Gesellschaftswissenschaft. Sie ist, soviel ich weiß, eine der allermodernsten Wissenschaften. Sie kämpft noch um ihre Daseinsberechtigung neben den verwandten Disziplinen. Deshalb ist auch „soziologisch" eines der modernsten Schlagwörter. Es hat den großen, unschätzbaren Vorzug, daß sich einstweilen noch jedermann darunter denken kann, was ihm beliebt.

Ich weiß nicht, ob Fuchs jemals soziologisch-wissenschaftliche Werke gelesen hat. Aus seinen Schriften kann man das nicht mit Sicherheit entnehmen. Nach der Art, wie er über juristisch-wissenschaftliche Werke, z. B. über Schriften von Kohler und Stammler urteilt, kann ich kaum glauben, daß die wissenschaftliche Soziologie — ich denke an

---

[1] Vgl. Kölnische Zeitung 1909 S. 685.

Simmels „Philosophie des Geldes" oder dessen kompendiöses Werk „Soziologie" — vor seinen Augen Gnade gefunden hat.

Vor mir liegt der erste Jahrgang der von Eleutheropulos und und Baron von Engelhardt herausgegebenen „Monatsschrift für Soziologie".[1] In dem Geleitwort erklären die Herausgeber, die Zeitschrift wolle der Vollendung und Ausgestaltung der Soziologie als Wissenschaft dienen. Es gelte zunächst, die Lage zu klären, den Boden zu gewinnen, d. h. wenigstens in den prinzipiellen Fragen eine Verständigung zu erzielen. Die anscheinend gut redigierte Zeitschrift bringt recht interessante und lesenswerte Abhandlungen, Aufsätze und kleinere Mitteilungen, z. B.: Die Rassenfragen bei Platon und Aristoteles von Max Heinze, Der Stammbaum des rezenten Menschen von Eleutheropulos und Entgegnung hierauf von Wilser, Der wirtschaftliche Urzustand von Somlò, Soziale Massenerscheinungen von Gumplowicz, Der konservative Grundzug der Parteiorganisation von R. Michels, Die Ostseevölker in alter und neuer Zeit von Wilser. Was uns jedoch hier besonders interessiert, das ist, daß die Herausgeber zum Zwecke der Förderung der jungen Disziplin ein Diskussionsthema gestellt haben: „Was ist das Objekt bzw. die Aufgabe der Soziologie?" Die Herausgeber geben ihrer ersten Veröffentlichung von Antworten und ihrer Einladung zur weiteren Beteiligung an diesem Thema folgendes Geleitwort:

> Es mag auf den ersten Blick sonderbar erscheinen, daß eine Zeitschrift für Soziologie gegründet wird, während ihr Objekt, ihre Aufgabe noch ein Diskussionsthema, ein noch zu bestimmendes Problem bildet. Man könnte meinen, es handle sich um ein fingiertes Wort, für das ein Objekt (ein Begriffsinhalt) gesucht wird, es handle sich also um eine fingierte Wissenschaft. Bei der Möglichkeit eines solchen Eindrucks hätten wir also mit unserm Diskussionsthema einen guten Dienst denjenigen geleistet, die über eine „künstlich" geschaffene Wissenschaft „Soziologie" nicht genug lachen können. Aber ob es noch solche gibt oder nicht und sie lachen mögen oder nicht, die Sache verhält sich bei genauerer Betrachtung doch ganz anders.
>
> Wenn die Monatsschrift für Soziologie das Objekt bzw. die Aufgabe der Soziologie als Diskussionsthema vorschlägt, so handelt es sich dabei nicht darum, daß für ein launenhaft entstandenes neues Wort ein Objekt, ein Begriffsinhalt gesucht wird, damit es nach dem eigenmächtigen Willen irgendeines Menschen auch eine Wissenschaft bilde. Mag auch das Wort „Soziologie" in seiner halb lateinischen, halb griechischen Zusammensetzung als ein fingiertes und dazu noch

[1] Fritz Eckardts Verlag, Leipzig 1909.

(übrigens nicht das einzige in dieser Art) als ein schlechtes Wort erscheinen; es hat aber doch sein Objekt, seinen Inhalt, die Gesellschaft von vornherein und die Diskussionsfrage bezweckt nur die Abgrenzung und genaue Bestimmung des Objekts und der Aufgabe der Soziologie.

In dem Maiheft berichtet Eleutheropulos über das Ergebnis der Diskussion und schreibt folgendes:

Als „the American Sociological Society" gegründet werden sollte und man zur Unterscheidung derselben von anderen zunächst angeben mußte, was man unter Soziologie verstand, hatte man einfach die Probleme aufgezählt, mit denen sich die Soziologie mehr oder weniger beschäftigt. In gleicher Weise ist auch die „Deutsche Gesellschaft für Soziologie" verfahren. Dieser Umstand ist charakteristisch und noch charakteristischer ist er, wenn die Gründungsversammlung der deutschen Gesellschaft für Soziologie ohne Kenntnis des Verfahrens der amerikanischen soziologischen Gesellschaft auf den gleichen Gedanken gekommen sein sollte. In einem solchen Verfahren liegt nämlich ein doppelter Beweis: a) daß nicht wegen einer zusammenfassenden Definition die Probleme zu vernachlässigen sind, die einer Erläuterung harren; b) daß diese zusammenfassende Bestimmung, d. i. die Angabe der Aufgabe und des Objekts der Soziologie keine leichte Frage ist.

Dem entspricht auch die geringe Zahl der der „Monatsschrift für Soziologie" auf diese als Diskussionsthema aufgeworfene Frage eingegangenen Antworten: Die Männer der Wissenschaft, an die sich die Monatsschrift mit dem Diskussionsthema wandte, haben, soweit sie sich nicht daran beteiligen wollten, es mit der Begründung getan, daß sie dieses (wohl sauere und doch auch undankbare) Verdienst um die Bestimmung der Aufgabe der Soziologie lieber andern überlassen wollen, oder doch, daß man diese Aufgabe nicht in einem kleinen Aufsatz erledigen kann, sondern ein ganzes Buch darüber schreiben müsse (so z. B. Durkheim); tatsächlich haben einige Soziologen (so z. B. Simmel) auch direkt auf eine ausführliche Behandlung des Themas in ihren Werken aufmerksam gemacht.

Eleutheropulos beleuchtet dann kurz die in den veröffentlichten Antworten in- und ausländischer Gelehrten zutage tretenden Meinungsverschiedenheiten und kann dabei wenigstens das eine als feststehend bezeichnen, daß „die Aufgabe der Soziologie die Sozialität ist". Er eröffnet zugleich ein weiteres Diskussionsthema „die Methode der Soziologie" und bittet um Meinungsäußerungen hierüber.

Ich habe gegen die Soziologie als neue Wissenschaft nicht das geringste einzuwenden, interessiere mich vielmehr schon seit Jahren für die einschlägigen Schriften. Die neue Zeit wirft neue Probleme auf, und gerade innerhalb eines so umfassenden, gleichsam enzyklopädischen Gebiets, wie es die Soziologie anscheinend für sich in Anspruch nimmt, kann ein Austausch der Ergebnisse der Spezialwissenschaften (Naturwissenschaften, Philosophie, Nationalökonomie, Historie) m. E. sehr anregend und fruchtbringend wirken.

Aber ich frage, kann man bei diesem Stande der jungen Wissenschaft, kann man bei dieser vorläufigen Unbestimmbarkeit ihrer Aufgabe und ihres Objekts mit dem Begriff „soziologisch“ als mit einem sichern, festen Faktor zur Entscheidung konkreter, schwieriger Fragen des Privatrechts rechnen? Kann man den Begriff „soziologisch“ als etwas ganz Selbstverständliches behandeln und die „soziologische“ Methode als die allein seligmachende für Gesetzesauslegung und Gesetzesanwendung empfehlen, während die Soziologie selbst noch über ihre Methode diskutiert? Vergeblich habe ich mich bemüht, in den hundertfachen Anwendungen, in denen Fuchs diese Phrase gebraucht, — bald für eine Prozeßrechtsfrage, bald für eine Frage des materiellen Rechts, bald für eine Art der Begründung — einen leitenden und zugleich unterscheidenden Gesichtspunkt zu entdecken. Wenn Fuchs überall, wo er die Phrase „soziologisch“ gebraucht, das Wort „verständig“ oder „sachgemäß“ gesetzt hätte, so wären seine Ausführungen in ganz dem gleichen Maße richtig oder unrichtig gewesen. Aber freilich diese schlichten deutschen Worte haben keinen „modernen“ Klang! Mit ihnen läßt sich keine Reklame für den Modernismus, für eine „neue Methode“ der Jurisprudenz machen. „Soziologisch“ im Sinne von Fuchs ist alles, was Fuchs für richtig hält; antisoziologisch ist, was Fuchs für unrichtig hält. In diesem Sinne sind alle Juristen, welche eine selbständige Ansicht haben, Soziologen.

Fuchs hält sich offenbar für einen sehr bedeutenden Soziologen. Und fast möchte man ihn darum beneiden. Nicht jeder ist mit gleichem Selbstgefühl ausgestattet! Gleichwohl werde ich an zwei Beispielen seiner Kritik beweisen, wie wenig „soziologisch richtig“ Fuchs gedacht hat.

Das erste betrifft die in RGZ. Bd. 66 Nr. 56 S. 240 wiedergegebene Entscheidung des I. Zivilsenats, bei der ich mitgewirkt habe. Ich gebe den Fall nach der eigenen Darstellung von Fuchs:[1]

Der einzige persönlich haftende Gesellschafter einer Aktienkommanditgesellschaft verklagte diese auf Auszahlung seines Gehalts. Die Beklagte kann nach Statut

---

[1] Recht und Wahrheit in unserer Justiz S. 79.

auch durch zwei Prokuristen vertreten werden. Der Klage trat für die Beklagte ein Rechtsanwalt mit einer von zwei Prokuristen gezeichneten Vollmacht entgegen. Nachdem die Beklagte verurteilt war, legte sie Berufung ein und erhob nunmehr die Einrede der mangelnden gesetzlichen Vertretung der Beklagten, und damit drang sie beim Kammergericht und Reichsgericht durch, obwohl Klägerin geltend machte, daß Aufsichtsrat und Prokuristen sich auf den Prozeß eingelassen hätten. Die Prokuristen möchten zwar — meint das RG. — nach § 49 HGB. zur Prozeßführung an sich befugt gewesen sein, sie seien aber keine „gesetzlichen Vertreter". Es hätte vor Klagerhebung noch ein „besonderer" gesetzlicher Vertreter aufgestellt werden müssen!

Fuchs fügt hinzu:

Dialektisch läßt sich das rechtfertigen. Ist es aber zweckmäßig, die Dinge möglichst unpraktisch zu gestalten und lediglich der „Begriffe" wegen in drei Instanzen zu prozessieren, ohne daß die sachliche Differenz zum Austrag kommt?

In dieser Sache war ich ursprünglich der Ansicht von Fuchs. Es schien mir unerfreulich, daß nunmehr durch die Instanzen ganz nutzlos prozessiert worden war, und mit der Klage wieder von vorne begonnen werden mußte. Fuchs würde das einen „soziologischen" Grund nennen, obwohl er mit der „Sozialität" nicht das geringste zu tun hat. Ich hatte aber noch einen zweiten Grund in petto, einen handelsrechtlichen Gesichtspunkt; Fuchs würde ihn einen „kryptosoziologischen" nennen. Ich machte geltend, daß der Prokurist (von der Veräußerung oder Belastung von Grundstücken abgesehen) doch zu allen gerichtlichen und außergerichtlichen Geschäften ermächtigt sei, die das Handelsgewerbe mit sich bringe; hierzu gehöre zweifellos auch ein Prozeß über den Gehalt des Komplementars oder des Vorstands bei der Kommanditaktien- und der Aktiengesellschaft. Ich erinnere mich noch, daß ich in der Beratung unter Assistenz eines Senatskollegen recht lebhaft für meine beiden Gründe eingetreten bin. Es schien mir — wie es Fuchs so häufig geht — „ganz unbegreiflich", daß man anderer Meinung sein konnte. Nachträglich überzeugte ich mich, daß meine Kollegen von der Majorität durchaus im Recht waren, und daß das Reichsgericht, wenn es eine solche „kopflose" Kapitalgesellschaft (eine Aktienkommanditgesellschaft ohne persönlich haftenden Gesellschafter, eine Aktiengesellschaft ohne Vorstand) als Partei, als Rechtssubjekt anerkannt haben würde, sich an der Soziologie, nämlich in concreto an dem Gesellschaftsrecht, sehr schwer versündigt hätte. Es hätte damit der Kapitalgesellschaft die Möglichkeit eröffnet — und den Weg gewiesen — unter Ausscheidung der persönlichen Haftbarkeit des Komplementars und der persönlichen Verantwortlichkeit eines Vorstandes ihre Geschäfte zu machen. Sie brauchte nur, nachdem sie einmal eingetragen war, ihren Vorstand zu entlassen und ihre Geschäfte durch Prokuristen weiter zu führen. Damit wäre eine der wichtigsten Garantien des Aktienrechts preisgegeben gewesen — aus (nach Ansicht von Fuchs) soziologischen Gründen!

Den zweiten Fall habe ich schon früher berührt (vgl. Recht 1908 S. 264). Er betrifft die Entscheidung RGZ. 64 S. 323. Die Klägerin hatte bei Benutzung der Berliner Straßenbahn eine Verletzung der linken Hand erlitten. Die Straßenbahn vergütete ihr nur die Heilungskosten. Sie klagte mit Zustimmung ihres Mannes auf eine Entschädigungsrente wegen dauernder Verminderung ihrer Erwerbstätigkeit; sie habe im Geschäft ihres Mannes sich mit Bemalen von Galanteriesachen beschäftigt und damit 10 Mark wöchentlich verdient. Die Vorinstanzen verurteilten die Straßenbahn. Das Reichsgericht hob auf und verlangte zunächst Feststellung der Frage, ob die Frau als Gewerbsgehilfin ihres Mannes gegen Entgelt oder unentgeltlich gearbeitet habe. Letzterenfalls sei nicht die Frau, sondern der Mann der Geschädigte.

Hier mutet Fuchs dem Reichsgericht zu, sich über die aus dem ehelichen Güterrecht aufgeworfenen Fragen einfach mit der Begründung hinwegzusetzen: „die Eheleute bilden eine natürliche Einheit und da der Mann ‚überdies' zugestimmt hat, können alle Spitzfindigkeiten auf sich beruhen bleiben." So würde, schreibt er, eine soziologische Justiz sagen. Aber mit dem Satz, daß Mann und Frau in vermögensrechtlicher Beziehung eine natürliche Einheit seien, hätte das RG. die ganze Soziologie des BGB. auf diesem Gebiete auf den Kopf gestellt. Ich habe ausgeführt (Recht a. a. O.): Der von Fuchs so sehr verlästerte deutsche Gesetzgeber hat aus soziologischen Gründen Vorsorge getroffen, daß Mann und Frau in vermögensrechtlicher Beziehung keine natürliche Einheit bilden. Das ist ein Grundpfeiler der ehelichen „Sozialität". Es soll die Frau nicht ohne weiteres für die Schulden ihres Mannes verhaftet sein, und was von der passiven Seite gilt, muß natürlich auch für die aktive gelten. Welches Unheil würde die Aufstellung eines Grundsatzes: Mann und Frau sind vermögensrechtlich eine natürliche Einheit, in der Praxis angerichtet haben! Wie verhält sich nun aber Fuchs gegenüber diesem soziologischen Einwand? Anstatt als ehrlicher Mann seinen Fehler einzugestehen (dummodo dormitat Homerus), erzählt er uns eine Geschichte von einem jungen Architekten, dem er den Fall als Experiment vorgelegt habe.[1] Der junge Architekt antwortete „auf der Stelle“:

> Ja was geht denn das das Reichsgericht an, wenn die Ehegatten darüber einig sind?

„Das ungelehrte Rechtsgefühl trifft so das richtige!“ fügt Fuchs bei.

Welche Urteilslosigkeit traut Fuchs seinen Lesern zu! Ich will ihm sofort zwei junge Architekten vorstellen, die, wenn ich ihnen einen Fall vortrage, „auf der Stelle“ ihrem ungelehrten Rechtsgefühl mit einer ähnlichen neben die Sache gehenden Bemerkung Ausdruck verleihen. Damit wird doch mein Vorwurf, es sei soziologisch grundfalsch, Ehegatten in vermögensrechtlicher Hinsicht für eine natürliche Einheit zu erklären, nicht widerlegt! Fuchs trägt seinen Namen nicht umsonst. Hält man ihn an einer Stelle fest, so sucht er gewandt aus einem Loch seines Fuchsbaues in ein anderes zu schlüpfen. Aber auch der „junge Architekt“ hat mit seiner Begründung nicht Recht. Das Reichsgericht ist immer froh, wenn Ehegatten einig sind und stört ihre Eintracht nicht. Aber im vorliegenden Falle wollte die Beklagte gerade wissen, ob sie an die Ehefrau oder an den Ehemann oder, was ihr wohl das liebste ist, an keinen von beiden etwas zu zahlen schuldig ist, und deshalb ging das Reichsgericht die Sache etwas an; darüber gerade hatte es zu entscheiden.[2]

Ich habe (Recht 1908 S. 265) darauf hingewiesen, daß wohl die Mehrzahl der Entscheidungen des Reichsgerichts auf Majoritätsbeschlüssen beruhe. Fuchs nennt dies ein „Geständnis“ und meint, dies sei in solchem Umfang bisher nicht bekannt gewesen. Es ist aber durchaus kein „Geständnis“, sondern der Hinweis auf eine Tatsache, die für jeden, der in der richterlichen Praxis auch nur einigermaßen Bescheid weiß und sich keiner falschen Vorstellung hingibt, eigentlich selbstverständlich ist. Wie hatte sich denn Fuchs die Sache eigentlich gedacht? Hat er angenommen, daß die an das Reichsgericht berufenen Richter hier plötzlich von einem besonderen in diesem Gerichtshof umgehenden Geist ergriffen werden, oder — was bei seiner Mißachtung der reichsgerichtlichen

[1] Gemeinschädlichkeit der konstruktiven Begriffsjurisprudenz S. 44.
[2] Über die Entscheidung selbst vgl. noch S. 90 u. Fußnote 2.

Judikatur wahrscheinlicher ist — daß sie sämtlich ein sacrificium intellectus erleiden? Je größer das Kollegium, je stärker die Individualität des einzelnen Votanten ausgeprägt ist, je häufiger und tiefgehender müssen die Meinungskämpfe sein. Dies hat seine Vorteile, indem es die möglichst vielseitige Beurteilung des Rechtsfalles ermöglicht. Es hat aber auch seine Nachteile, insofern es häufig zu Kompromissen in der Entscheidung oder ihrer Begründung nötigt, die eigentlich keinen Teil recht befriedigen (vgl. oben S. 48). Fuchs stellt sich nun auf Grund meines angeblichen „Geständnisses" die Sache, wie folgt, vor. Er frägt:[1]

Um was drehen sich nun diese Kämpfe in den geheimen Beratungen? Sind es soziologische oder pandektologische Schlachten? Wie von mir an zahlreichen Beispielen gezeigt, sind sie nur allzuhäufig der letzteren Art. Sind die Richter mindestens kryptosoziologisch gesinnt, dann befragt jeder sein Rechtsempfinden als primäre Rechtsquelle, d. h. er urteilt zunächst als Laie[2] und soziologisch. Dann sucht er das von ihm soziologisch als Recht erkannte im Gesetz. Meinungsverschiedenheiten können dann auf dreierlei Art entstehen. Entweder das Rechtsempfinden — das die Ansicht über die beste praktische Gestaltung mitumfaßt — ist nicht bei allen Senatsmitgliedern das nämliche und es wird darüber offen gestritten. Dann gibt es ehrliche soziologische Debatten, wie sie dem wahren Wesen des Rechts entsprechen. Oder das Rechtsempfinden und die Ansicht über die praktische Gestaltung stimmen bei allen Mitgliedern überein, ein Teil glaubt aber, das Gesetz stehe entgegen. Oder endlich das Rechtsempfinden stimmt nicht überein, es wird aber dieser Dissens hinter dem Wortlaut und Sinn der Gesetzesworte versteckt, die von jeder Meinung für sich angerufen werden. In diesen beiden letzteren Fällen gibt es pandektologische Debatten.

Ich kann Fuchs versichern, daß diese ganze (in seiner Sprache zu reden) sophistisch-kasuistisch-scholastisch-konstruktionell-pandektologische Dreiteilung Larifari ist. Sie nimmt sich, wie alles was Fuchs schreibt, auf dem Papier recht gut aus, aber sie ist, wie alles was Fuchs schreibt, ein ganz unpraktisches Ideengebilde. Aus dem einfachen Grunde, weil zwischen Rechtsempfindung, Soziologie, Gesetz zwar auf dem Papier scharf unterschieden werden kann, aber nicht in der Wirklichkeit der Dinge. Denn das Gesetz selbst ist (von bestimmten koerzitiven Vorschriften abgesehen) nichts anderes, als kodifizierte Verkehrssitte,[3] kodifiziertes

---

[1] Die Gemeinschädlichkeit usw. S. 38.

[2] Daß dies unrichtig ist, vgl. oben S. 7.

[3] Vgl. oben S. 26.

Rechtsempfinden, kodifizierte Soziologie. Jedem materiell rechtlichen Ausspruch des Gesetzes liegt ein soziologischer Gedanke zugrunde. Es ist deshalb ganz unmöglich, etwa demjenigen, der sich auf „Wortlaut und Sinn" des Gesetzes beruft, entgegenzuhalten, er denke nicht soziologisch. Und wenn wir die bedeutendsten Soziologen Deutschlands in einem Senat des Reichsgerichts beisammen hätten, sie würden, sei es am Anfang, sei es im Verlauf, sei es am Ende ihrer „offenen und ehrlichen" Debatten, immer wieder fragen müssen, wie stellt sich denn **der größte Soziologe, der Gesetzgeber,** zu diesem Falle. Unrichtig und übertrieben ist es, wenn Fuchs in diesem Zusammenhang behauptet, bei jeder Kontroverse ließe sich jede Meinung in das Gesetz hineintragen. Streiten kann man allerdings über alles (vgl. oben S. 15). Aber in sehr vielen Beziehungen sind die Prinzipien des Gesetzes bei gewissenhafter gründlicher Erfassung so klar und bestimmt, daß die Kontroverse im Sinn des Gesetzes entschieden werden kann. Wenn es daher auch möglich wäre, für das Reichsgericht lauter so talentvolle Juristen zu gewinnen wie Fuchs, ich glaube kaum, daß seine Judikatur, von Äußerlichkeiten abgesehen, eine wesentlich andere sein könnte. Für Fuchs allerdings möchte eine Beschäftigung in einem Senat des Reichsgerichts wohl recht zuträglich sein; denn er würde dort vielleicht das lernen, was ihm zu einer richtigen und gerechten Beurteilung unserer Verhältnisse am meisten fehlt: Achtung vor der Überzeugung und der gewissenhaften Geistesarbeit anderer.

IV. **Pandektologie.** Ein zweite Phrase, die in den Fuchsschen Schriften totgeritten wird, ist die Pandektologie, auch Pandektitis, Pandektitiskrankheit, Pandektolotterie genannt.

Hier muß ich zunächst wieder ein „Geständnis" machen. Seit meinem ersten juristischen Examen habe ich nämlich nur beschämend wenig das corpus juris aufgemacht oder in die Pandekten hineingesehen. Sie waren mir nie sehr sympathisch. Ich bewunderte sie, aber ich liebte sie nicht, und nachhaltigen Einfluß auf mein Denken oder Empfinden haben sie nicht ausgeübt. Selbst als ich das große Verbrechen beging, zusammen mit meinem Freunde Hachenburg einen Kommentar zu schreiben, dem — horribile dictu — sogar „wissenschaftlicher Geist" nachgerühmt wird, blieben die Pandekten unberührt. Auch Hachenburg, der mit einer überaus tiefen, philosophischen Erfassung des Rechts einen selten klaren Blick für das Praktische verbindet, hat bei dieser Arbeit meines Wissens die Pandekten nicht um Rat gefragt. Ich war daher sehr erstaunt, aus den Schriften von Fuchs zu erfahren, wie schwer ich an Pandektitis erkrankt sei. Auch meinen Kollegen, die nicht im Gebiete des gemeinen Rechts gearbeitet haben, mag es ähnlich ergangen sein. Zu den vielen Krankheiten, welche die medizinische Wissenschaft der letzten Jahrzehnte erforscht hat, von denen die auf „itis" endigenden meistens besonders gefährlich sind, ist als die modernste nun noch die Pandektitis — als spezielle Juristenkrankheit — getreten. Fuchs hat ihren Bazillus entdeckt. Er rühmt sich dessen. Sein Eifer in dieser Beziehung erinnert an die historische Anekdote von jenem spleenhaften Engländer, der tagelang in den Straßen Londons herumlief, die Leute ansprach und jeden, der ihm Gehör schenkte, überzeugen wollte, daß er (der Angeredete) verrückt sei.

Unsere Jurisprudenz und unsere Gesetzgebung beruhen zum Teil auf römisch-rechtlicher Grundlage. Das ist eine historische Entwicklung, die man nicht „hinwegschreiben" kann. Die Römer waren ausgezeichnete Juristen. Die Pandekten sind heutzutage für uns ein Bildungs- und Erziehungsmittel. Nicht mehr und nicht weniger. Aber keineswegs das einzige oder das wichtigste. In Frankreich, das uns Fuchs so häufig als Vorbild für eine soziologische Rechtsprechung vorhält, ist man, „nachdem man zuerst frohlockend die römisch-rechtlichen Schiffe verbrannt hatte, zum Studium und zur Pflege des römischen Rechts in den Juristenfakultäten zurückgekehrt, um den Geist der Wissenschaftlichkeit wieder zu beleben." [1]

Fuchs ist von kriegerischem Geiste erfüllt. Möglicherweise wäre er ein ebenso großer Feldherr geworden, als er unzweifelhaft ein vortrefflicher Jurist ist. Auf dem hohen Roß der Soziologie reitet er aus zum Kampfe gegen die Pandektologie, wie einst der spanische Ritter auf seiner Rosinante zum Kampf gegen Windmühlen. Er schickt auch seine Meldungen über die von ihm erfochtenen Siege ein. „Vom pandektologischen Kriegsschauplatz" lautet der stolze Titel.[2] Welche ernsthaften Gegner er hier schon aus dem Sattel gehoben hat, welche Burgen er erstürmt, oder welche Festungen er eingenommen hat, wer kann es sagen?

[1] Friedberg, Die künftige Gestaltung des deutschen Rechtsstudiums (Leipzig 1896) S. 10.

[2] Die Gemeinschädlichkeit usw. S. 57.

Aber nach seinen eigenen Berichten hat er jedenfalls einige hundert reichsgerichtliche Entscheidungen totgeschlagen.

Ob sie wirklich alle tot, mausetot sind, oder ob sie nicht vielmehr, wie andere behaupten, bei dem gegen sie geführten Phrasenbombardement völlig heil und unversehrt geblieben sind, kann ich hier nicht entscheiden. Nach dem Eindruck, den man bei den Siegesmeldungen des soziologischen Generals empfängt, müßte man das erstere annehmen. Allein der Eindruck aus einer solchen einseitigen Siegesdarstellung ist meistens sehr unzuverlässig und irreführend. Ich erinnere an die serbischen Siegesdepeschen aus dem serbisch-bulgarischen Feldzuge. Mir fehlt sowohl die Zeit als namentlich die Lust, nachdem ich das ganze Jahr hindurch genug Meinungskämpfe dienstlich zu bestehen habe, mich auch noch außerdienstlich über die richtige Entscheidung juristischer Fälle herumzubalgen. Ich vermute, es geht meinen Kollegen am Reichsgericht ebenso, soweit sie die Fuchsschen Schriften überhaupt gelesen haben. Die Gewinnung eines zuverlässigen Urteils erfordert in jedem Einzelfalle gründliche Vertiefung. Ich habe mich darauf beschränkt, die von Fuchs kritisierten Urteile meines Senats nachzuprüfen. Das Resultat, zu dem ich dabei gelangte, ist für mich sehr beruhigend gewesen. Jedenfalls ist das fabelhafte Tier bovigus, das Fuchs nach seinen Berichten mit seiner Kritik aufgeschreckt zu haben vermeint, — eine harmlose Ente.

Fuchs beruft sich auf die Sympathiekundgebungen, die ihm aus allen juristischen Kreisen zugekommen seien.[1] Solche Kundgebungen erfährt wohl jeder Schriftsteller, wenn er mit der Verteilung von Freiexemplaren nicht sparsam ist. Ich will auch gern glauben, daß der eine oder andere Landgerichtsdirektor oder Oberlandesgerichtsrat mit einigem Behagen gelesen hat, wie hier dem oder jenem benachbarten Oberlandesgericht oder dem Reichsgericht von einem so mutigen Manne am Zeug geflickt wird. Denn natürlich sind die Anwesenden immer ausgenommen. Wäre das Standesbewußtsein der deutschen Richter höher entwickelt, so würden sie gegen die in den Fuchsschen Schriften enthaltene Beschimpfung der deutschen Rechtsprechung einmütig und energisch Front gemacht haben.

V. Im folgenden bin ich zu meiner Freude öfter in der Lage, mit den Fuchsschen Ausführungen bis zu einem gewissen Grade überein-

[1] Die Gemeinschädlichkeit usw. S. 56.

zustimmen. Ich gehöre keineswegs zu denen, welche in Fuchs nur den anmaßenden Schreier („Radaumacher") erkennen, obwohl er dieser Auffassung selbst durch seine Schreibweise eine starke Unterlage bietet. Zunächst bin ich davon überzeugt, daß Fuchs aus idealen und edlen Motiven sich für die Justizreform einsetzt.[1] Ich glaube ihm, wenn er schreibt, daß er die Dinge so schildert, wie er sie sieht. Aber er sieht sie falsch und beurteilt sie einseitig. Er fühlt ein dringendes Bedürfnis, allen deutschen Juristen den Pandektitisbazillus aus dem Auge zu ziehen und hat dabei keine Ahnung von den Querbalken, mit denen er selbst in der Welt herumläuft. Er setzt eine Reihe von Mängeln, die allen menschlichen Einrichtungen anhaften, auf das Konto des von ihm bekämpften Romanismus, Scholastizismus, Pandektismus, die in Wirklichkeit gar nicht, jedenfalls nicht in dem Maße existieren, als er annimmt. Er ist unglücklich, daß nicht alle Leute so gescheut, so aufgeklärt sind wie er, nicht so modern denken und fühlen als er, und möchte die Menschheit insgesamt „nach seinem Bilde verbessern" (vgl. S. 67). Mit einer fast rührenden Naivität spiegelt er sich und anderen die arkadischen Zustände vor, die bestehen würden, wenn man nur so verständig wäre, seine Vorschläge anzunehmen. Er schreibt[2]: „Es wäre ein nationales Glück ersten Ranges, wenn man folgende acht Paragraphen als Gesetz durchbringen könnte:

§ 1. An Stelle des BGB. für das Deutsche Reich tritt das Schweizerische Zivilgesetzbuch und das Schweizerische Gesetz über das Obligationenrecht vom 14. Brachmonat 1881.

§ 2. An Stelle der ZPO. tritt das Österr. Gesetz vom 1. 8. 95 über das gerichtliche Verfahren in bürgerlichen Rechtsstreitigkeiten mit den sich aus folgenden Paragraphen ergebenden Besonderheiten.

§ 3. Bei Streitwerten bis 1000 Mk. entscheiden Friedensrichter. Bei Streitwerten über 100 Mk. ist Berufung an das Schöffengericht zulässig, aber kein weiteres Rechtsmittel. Nur wenn ein Schöffengericht von der Rechtsprechung des RG. abgehen will, ist von ihm die Entscheidung des RG. einzuholen, ob das Schöffengericht als Berufungsgericht gegen den Friedensrichter oder sonst zu entscheiden hat.

§ 4. Als Gerichtshöfe werden für alle Sachen, die den Betrag von 1000 Mk. übersteigen und sich nicht in einem Vortermine erledigen, Schöffen-

[1] Dies — die Anerkennung seiner Motive — habe ich auch Fuchs selbst in meiner Erwiderung auf einen liebenswürdigen Privatbrief desselben ausgesprochen. Fuchs hat dann diese Äußerung sofort in einem Aufsatze in der Württembergischen Zeitschrift für Rechtspflege und Verwaltung II S. 9 verwertet.

[2] Recht und Wahrheit S. 221.

gerichte mit zwei Laienbeisitzern (Schöffen) eingerichtet. Die Schöffen werden, wenn sich die Parteien über sie nicht einigen, oder eine Einigung dahin treffen, daß jede Partei einen Schöffen vorschlägt, vom Richter nach ihrer möglichsten Sachkunde für den Streitfall aus einer Liste ausgesucht. Diese Liste wird von den Selbstverwaltungskörpern aufgestellt. (Ähnlich wie nach dem bad. Enteignungsgesetz.)

§ 5. Die Berufung von einem Schöffengericht geht an das für jedes Schöffengericht von der Landesjustizbehörde zu bestimmende andere Schöffengericht am nämlichen oder an einem benachbarten Ort.

§ 6. Die LG., die OLG. und alle Sondergerichte werden aufgehoben.

§ 7. Die Revision gegen die Berufungsurteile der Schöffengerichte geht an das RG. Sie ist nur zulässig:

1. wenn das Berufungs-Schöffengericht anders entschieden hat, als das erste Schöffengericht;

2. wenn das Berufungs-Schöffengericht von der letzten Rechtsprechung des RG. oder eines anderen Berufungsschöffengerichts abgegangen ist.

Ist die Revision danach unzulässig, so kann sie ohne mündliche Verhandlung vom Reichsgericht durch Beschluß zurückgewiesen werden.

Das RG. erkennt in Kammern von drei Mitgliedern. Will eine Kammer von der Rechtsprechung einer anderen Kammer oder vereinigter Kammern abweichen, so entscheiden die vereinigten Kammern, zwischen denen Meinungsverschiedenheit besteht und bei Stimmengleichheit der Vorsitzende dieser vereinigten Kammern.

§ 8. Alle Richter stehen sich an Rang und Gehalt einander gleich und beziehen ein Gehalt von 30000 Mk. Sie dürfen weder Titel noch Orden annehmen.

Einige Zweifel darüber, ob man diese acht Paragraphen — nur acht kleine Paragraphen! — „durchbringen könnte“, scheint Fuchs ja selbst zu hegen. Aber vielleicht findet sich für sie doch ein „Block“ zusammen. Alle Ideologen sind Optimisten und Illusionisten. Der in den §§ 1 und 2 gemachte Vorschlag, das deutsche Volk solle sich auf juristischem Gebiete sozusagen geistig bankerott erklären und seine eben erst durchgeführten großen Justizgesetze abschaffen und durch fremdländische ersetzen, habe ich schon früher (Recht 1907 S. 1032) als eine unmögliche Zumutung bezeichnet. Fuchs belehrt mich, daß dies ein ganz unberechtigter Chauvinismus sei. Auch die Erwägung, daß das Schweizerische Zivilgesetzbuch in der Schweiz selbst ja noch gar nicht eingeführt ist (Einführungstermin 1. Januar 1912), daß also seine praktische Bewährung noch gar nicht erprobt ist, daß alle Vorzüge, die man an ihm erkennen mag, einstweilen am Studiertisch, an dem bekannten

„grünen Tisch“ entdeckt sind, macht auf Fuchs keinen Eindruck. Er wünscht offenbar, daß wir in der Einführung der Schweiz noch zuvorkommen. Er sagt, „ein Kriegsminister, der deshalb nicht die neueste Waffe vorschlüge, weil erst kürzlich eine andere eingeführt wurde, wäre ein Vaterlandsverräter.“[1] Fuchs wäre jedenfalls kein billiger Kriegsminister geworden. Er würde stets das neueste Patent für die ganze Armee einführen, auch ehe es noch erprobt ist, weil es eben das neueste, das modernste ist, und weil doch seine Vorzüge schon in der Patentschrift beschrieben sind![2]

In den §§ 5 und 7 des Fuchsschen Gesetzesvorschlags sind mehrfach die Gedanken verwertet, welche ich in meinem oben (S. 54) erwähnten Aufsatz in der Bayr. Zeitschrift für Rechtspflege niedergelegt habe: 1. grundsätzliche Beschränkung der Rechtsmittel in Zivilsachen auf zwei Instanzen; 2. Unzulässigkeit der Revision gegen duae conformes; 3. Beschränkung der großen Richterkollegien; 4. andere Zusammensetzung des reichsgerichtlichen Plenums. Fuchs hat hier den dem Difformitätsprinzip zugrunde liegenden gesetzespolitischen Gedanken richtig erfaßt und anerkannt, im Gegensatz zu Spring (vgl. oben S. 55). An anderer Stelle bezeichnet er allerdings meinen Vorschlag als zurzeit unpraktisch; er schätzt die „eunuchenhafte“ reichsgerichtliche Judikatur immer noch höher ein, als die der anderen Gerichte.

VI. **In pectore judex.** Schon in meinem ersten, den Fuchsschen Vorschlägen gewidmeten Aufsatze (Recht 1907 S. 1035) habe ich hervorgehoben, daß wir Richter brauchen, welche aus dem Volk hervorgegangen, im Volke stehen und Herz und Verständnis haben für seine Interessen und Bedürfnisse. Die richterliche Tätigkeit ist keineswegs eine reine Verstandestätigkeit. Sie erfordert in gleichem Maße ein gesundes und warmes Empfinden, Gemütskraft, Takt, Mitgefühl. Ich freue mich aufrichtig, daß auch in den Schriften von Fuchs überall dieser idealen Auffassung des Richterberufs das Wort geredet wird, für die ich selbst jederzeit eingetreten bin und eintreten werde (vgl. oben

[1] Gemeinschädlichkeit usw. S. 84.

[2] Mir scheint es sehr wahrscheinlich, daß das Schweizerische Zivilgesetzbuch einen Fortschritt in der Gesetzgebungskunst bedeutet. Und gewiß werden die Erfahrungen, die mit ihm bei der praktischen Anwendung gemacht werden, auch für die Weiterentwicklung unseres Rechts fruktifiziert werden.

S. 6). Es gehört zu den schwersten Aufgaben dieses Berufes, wie mir wohl jeder richterliche Praktiker einräumen wird, daß der Richter nicht selten in die Lage kommt, dem in ihm wohnenden und unausgesetzt lebendigen Rechtsgefühl nicht nachkommen zu können, z. B. wenn ein begründetes Rechtsmittel wegen Versäumung der Rechtsmittelfrist als unzulässig verworfen werden muß, oder wenn einem begründeten Anspruch die Verjährung entgegengehalten werden kann, oder wenn eine absolut gebietende oder verbietende Rechtsnorm der Verwirklichung des Rechts entgegensteht. Derartige Erfahrungen muß der Richter in allen Instanzen und in allen Zweigen der Rechtspflege machen. Aus der Zeit, in der ich noch in der Strafjustiz tätig war, hat mir wiederholt (mit Fuchs zu reden) das Herz geblutet, wenn einem unerfahrenen, jungen Mädchen, die in höchster physischer und psychischer Erregung zur Mörderin ihres Kindes geworden war, die gesetzliche Mindeststrafe von zwei Jahren zudiktiert werden mußte, während der Schwängerer, frei und ledig, auch der Alimentationspflicht enthoben, im nächsten Wirtshause seine Zeugengebühr verzechte. Auch der Richter der Revisionsinstanz kommt recht oft in die Lage, ein Urteil fällen zu müssen, das ihm „in der Seele wehe tut". Das könnte auch bei Annahme des Fuchsschen Gesetzesvorschlags nicht anders sein. Eine Reihe von Kritiken reichsgerichtlicher Urteile hat Fuchs mit einem Appell an das Mitleid begleitet. Hierzu habe ich folgendes bemerkt:

> Ich gehöre keineswegs zu denen, welche mit Nietzsche und seinen Nachbetern das Mitleid für die größte Torheit, das verwerflichste Laster erklären und aus der Welt schaffen wollen. Ich halte das Mitleid im Gegenteil mit dem Empfinden eines gesunden und normalen Menschen nach unserer ganzen sozialen Veranlagung unausrottbar verknüpft. Aber Mitleid am unrechten Platze angewendet, ist allerdings ein Fehler. Was hat das Mitleid in der Revisionsinstanz zu schaffen? Derselbe Rechtssatz, der heute die arme Frau als Klägerin hart trifft, schützt sie in andern Fällen, in welchen sie in Anspruch genommen wird.

Was hat Fuchs aus dieser Darlegung gemacht! Er schreibt:

> In einigen von mir in „Wahrheit und Recht" besprochenen Fällen habe ich am Schlusse ausgerufen: arme Frau! Was hat das Mitleid in Revisionsinstanz zu schaffen, fragt Düringer dagegen. Als ob ich, statt an das gesunde Rechtsempfinden an das Mitleid des Gerichts appelliert hätte, während ich vielmehr die Frau bedauerte, die unter das Räderwerk einer solchen pandektologischen Justiz geraten sei. Aber ganz abgesehen von diesem beinahe unbegreiflichen Mißverständnis Düringers verdiente seine Frage als rechtshistorische Denkwürdigkeit festgehalten zu werden.

Ich hatte erklärt, daß Fuchs mit seinem Ausruf „arme Frau!" an das Mitleid appelliert hatte. Was für ein „unbegreifliches Mißverständnis" mir dabei unterlaufen sein soll, vermag ich schlechterdings nicht zu erkennen. Ich hatte nicht behauptet, daß Fuchs an das Mitleid der Richter appelliert habe; er appellierte an das Mitleid seiner Leser. Der Vorwurf des Mißverständnisses ist also eitel Flunkerei, um gegen meine Ausführung Stimmung zu machen.

Fuchs fährt aber mit seiner auf Täuschung berechneten Darstellung fort. Er hält mir den Ausspruch Luthers vor: „Richter in rechten Sachen sind mitleidig und barmherzig." Er weiß ganz genau, was ich sagen wollte und auch gesagt habe, daß nämlich bei der Frage, wie eine Gesetzesbestimmung allgemeingültig und allgemeinverbindlich von dem Revisionsgericht auszulegen ist, das Mitleid mit der Partei im konkreten Falle nicht ausschlagend sein kann, nicht ausschlaggebend sein darf. Nur darauf habe ich hingewiesen und bin deshalb auf die konkreten Fälle nicht eingegangen. Fuchs aber stellt die Sache so dar, als hätte ich im direkten Gegensatz zu meiner wiederholt betonten Auffassung des Richterberufes — „als historische Denkwürdigkeit" — die Ansicht vertreten, der Richter dürfe dem rein menschlichen Empfinden überhaupt kein Gehör geben, auch wenn er dazu in der Lage ist.

Auf „junge Architekten" mögen solche Darlegungen Eindruck machen. Ich nenne das: „mit unehrlichen Waffen fechten".

VII. **Wahrheit und Recht.** Gegenüber dieser recht mangelhaften Betätigung seiner Wahrheitsliebe im Kampfe mit literarischen Gegnern, berührt es wohltuend, daß Fuchs wenigstens in der Theorie überaus warm und energisch für Wahrheit, Wahrhaftigkeit, Wahrheitsliebe eintritt. Ja, es geschieht dies mit einem Eifer und einer Aufdringlichkeit, daß man meinen könnte, Fuchs habe die Tugend der Wahrheit für die Rechtspflege erst entdeckt.

Die Wahrheitsliebe ist m. E. für jeden anständigen Menschen eine selbstverständliche Pflicht, die er zunächst gegen sich selbst erfüllt. Er wird nicht viel Redens und Aufhebens darüber machen; er betätigt sie. Und wie im Leben, so ist es auch im Prozeß. Diejenige Partei ist die anständige und der Sympathie und Unterstützung des Richters gewiß, die für sich in Anspruch nehmen kann, wahr zu sein.

Anläßlich der Erörterungen über die jüngste Zivilprozeßnovelle ist die „Lüge im Prozeß" Gegenstand einer recht lebhaft geführten Diskussion geworden. Der ursprüngliche Entwurf der Novelle (§ 502) machte dem Amtsrichter zur Pflicht, dahin zu wirken, daß die Parteien über alle erheblichen Tatsachen sich vollständig und wahr erklären. In der Reichstagsvorlage wurden die Worte „und wahr" gestrichen. Der ursprüngliche Entwurf konnte sich auf das Vorbild der österreichischen Prozeßordnung berufen (§ 178):

> Jede Partei hat in ihren Vorträgen alle im einzelnen Falle zur Begründung ihrer Anträge erforderlichen Umstände der Wahrheit gemäß vollständig und bestimmt anzugeben . . . .

Der entfachte Streit hat sich ziemlich bald wieder gelegt, nachdem die Frage ihre praktische Bedeutung für die Novelle verloren hatte. Hellwig[1], Binding[2], Kohler[3], Schneider[4] sind, zum Teil mit einer gewissen sittlichen Entrüstung, gegen die „Lüge im Prozeß" aufgetreten; andere, Neumann[5], R. Schmidt[6], haben — teilweise von verschiedenen Gesichtspunkten aus — gegen die Aufnahme des Wahrheitsaxioms in die Prozeßordnung Stellung genommen.

Die Lüge wird man weder aus der Welt, noch aus dem Prozeß ganz verbannen können. Aber daß im Prozeß, wie im Leben überhaupt, eine Pflicht zur Wahrheit besteht, halte ich für selbstverständlich und indiskutabel. Ich teile in dieser Beziehung durchaus die Auffassung Hellwigs (Lehrbuch, 2. Aufl. Bd. II § 71). Wie es einem anständigen gesunden Menschen widerstrebt, selbst zu lügen, so empfindet er auch ein Gefühl der Verachtung, wenn er einen andern auf einer Lüge ertappt. Mangelnde Wahrheitsliebe ist ein Symptom psychischer Entartung, häufig ein Kennzeichen von Geisteskrankheit.[7]

M. E. handelt es sich aber hier gar nicht um das ethische Prinzip, sondern um die Frage, ob es zweckmäßig ist, die Wahrheitspflicht im Gesetz (der Zivilprozeßordnung) besonders auszusprechen, und — was damit im untrennbarem Zusammenhang steht — ob es zweckmäßig

---

[1] Vgl. „Woche" 1908 Nr. 40; Juristische Wochenschrift 1908 S. 665.
[2] Deutsche Juristenzeitung 1909 S. 161
[3] „Tag" 1909 Nr. 37.
[4] Rheinische Zeitschrift für Zivil- und Prozeßrecht I S. 393ff.
[5] Jur. Wochenschr. 1908 S. 641 und S. 667.
[6] Deutsche Juristenzeitung 1909 S. 39.
[7] Kräpelin, Lehrbuch der Psychiatrie, Bd. II S. 831; Pelmann, Grenzzustände, S. 155.

und angängig ist, bestimmte prozessuale Nachteile an ihre Verletzung zu knüpfen.

In ersterer Beziehung dünkt mir ein Ausspruch charakteristisch, den ein sehr erfahrener, viel beschäftigter Praktiker (Rechtsanwalt) anläßlich der hier behandelten Diskussion getan hat. „Es ist ganz gleichgültig, ob das Wahrheitsprinzip in die Prozeßordnung aufgenommen wird oder nicht, gelogen wird in einem, wie im andern Falle." Ist dies richtig, — und eine nüchterne Beleuchtung der Dinge scheint dieser Auffassung Recht zu geben — so kann man nur davor warnen, zu den mehrfachen theoretischen Prinzipien unserer Prozeßordnung, die in der Praxis doch nicht durchgeführt werden können, ein weiteres hinzuzufügen.

Die Aufnahme des Wahrheitsprinzips ist m. E. in der Tat eine überflüssige lex imperfecta, wenn an seine Verletzung nicht Rechtsnachteile geknüpft werden. In dieser Beziehung würde ich für eine Bestimmung des Inhalts eintreten, daß das frivole Bestreiten oder das frivole unwahre Behaupten vor Gericht mit einer Prozeßstrafe geahndet werden kann.

Ob nun aber das Bestreiten oder die unwahre Behauptung als eine frivole erscheint, das kann m. E. nur nach den konkreten Verhältnissen des Einzelfalls beurteilt und festgestellt werden. Und dies scheint mir der Fehler bei der Diskussion über die hier erörterte Frage zu sein,[1] daß man die Dinge alle über einen Kamm scheren will, während doch das vielgestaltige praktische Leben solche theoretische Generalisierung nicht zuläßt. So einfach, wie Binding annimmt, so nackt und unverhüllt tritt die Lüge im Prozeß überhaupt nicht auf. Der Kläger, der „bewußt eine unbegründete Leistungsklage erhebt," macht sich m. E. eines strafrechtswidrigen Betrugs schuldig. Diese Fälle sind äußerst selten. Auch der Beklagte, der der Leistungsklage Einwendungen entgegensetzt, wird nur in Ausnahmefällen von vornherein überzeugt sein, daß er völlig im Unrecht ist. Die Frage, ob trotz des zu erwartenden Rechtsnachteils die Offenbarung der Wahrheit eine sittliche Pflicht ist, und ihre Unterdrückung als unsittlich und frivol erscheint, kann im Einzelfalle recht zweifelhaft sein.

Ich will hier auch einmal an das Mitleid appellieren. Eine Witwe, die sich und ihre zahlreichen Kinder aus den schmalen Erträg-

[1] Übereinstimmend Neumann a. a. O.

nissen eines kleinen Kapitals und durch Vermieten von Zimmern ernährte, hatte sich einem ihrer Zimmerherrn, einem stud. phil., gegenüber zur Beleuchtung der Treppe während der ganzen Nacht verpflichtet. Der junge Mann, der seiner philosophischen Auffassung entsprechend sich „auszuleben" gewohnt war, kehrte zu später Nacht- oder vielmehr früher Morgenzeit nach Hause zurück; die Lampe war erloschen; der junge Philosoph glitt aus und erlitt einen komplizierten Beinbruch. Er klagte eine große Geldentschädigung ein. Gegenüber der Behauptung, er sei angetrunken gewesen, berief er sich fürsorglich auf § 254 BGB. (kausales Mitverschulden). „Arme Frau!" Sie war mit Rücksicht auf ihre beschränkten Verhältnisse sehr, sehr sparsam; sie hatte aus Sparsamkeit die Lampe nicht ganz vollgefüllt; sie hatte gehofft, bis zur Heimkehr des jungen Philosophen würde das Öl ausreichen. War sie verpflichtet, die Wahrheit zu gestehen, obwohl das Geständnis den Verlust ihres kleinen Kapitals zur Folge hatte? Konnte sie nicht verlangen, daß ihr nachgewiesen wurde, die Treppe sei nicht beleuchtet gewesen, und das Erlöschen der Lampe sei auf ihr Verschulden zurückzuführen? — Ein anderer Fall. Ein Ehegatte wird wegen eines angeblichen Fehltrittes auf Scheidung belangt. Er hat nicht nur ein großes materielles, er hat auch mit Rücksicht auf seine Kinder das größte sittliche Interesse daran, daß die Ehe erhalten bleibt, daß seine Kinder wenigstens nicht seinem Einflusse entzogen werden. Ist er verpflichtet, den Fehltritt einzugestehen? Kann er nicht darauf bestehen, daß er überführt werde? Ich könnte eine Rechtsverteidigung, die sich in derartig gelagerten Fällen darauf beschränkt, die Klagebehauptungen zu bestreiten, nicht als eine frivole bezeichnen. Ein allgemeiner Gewissenszwang, Tatsachen einzuräumen oder zu offenbaren, an deren Mitteilung eine unmittelbare materielle Schädigung der Partei geknüpft ist, kann ihr nicht unter allen Umständen auferlegt werden.

Fuchs hält unsere ganze Ziviljustiz für innerlich „verlogen", „unwahrhaftig und gerechtigkeitstaub". Wir erfahren, wenn wir seine Kapuzinade lesen,[1] daß wir nicht nur schwerkranke Pandektitiker sind, sondern daß wir auch „allesamt Lügner" oder mindestens „gegen die Wahrhaftigkeit völlig indifferent" geworden sind.

Nietzsche hat „die Entwicklung von List, Lüge, Verstellung zu hochgeschätzten Dingen" gefordert. Sein Bewunderer Fuchs, der ihm

---

[1] Die Gemeinschädlichkeit usw. S. 205.

bei seiner neuen Wort- und Phrasenbildung gerne abguckt, „wie er sich räuspert und wie er spuckt", predigt die Wahrhaftigkeit. Ich bin überzeugt, daß es ihm damit ernst ist. Aber auch hier gilt von seinen Expektoratienen der Satz: weniger wäre mehr. In einer früheren deutschen Reichsstadt befand sich ein Platz, der im Mittelalter die Bezeichnung „der Entenletz" erhielt. Der „Letz" ist zweideutig. Er bedeutet zunächst, daß sich hier die Enten „letzten", ergötzten; er weist aber auch darauf hin, daß hier die Enten eine Lektion erhielten. Eine Warnung für naive Gemüter! Noch heute heißt die Straße zur Erinnerung an die humorvolle altdeutsche Tierfabel: „Wo der Fuchs den Enten predigt!"

VII.

Konstruktionsjurisprudenz.

Seine schärfsten Bannstrahlen schleudert das Karlsruher Freirechtspfäfflein gegen die Konstruktionsjurisprudenz. Aber so gewiß in den Anklagen von Fuchs ein berechtigter Kern gelegen ist (wenn man nämlich erst einmal weiß und sich darüber im klaren ist, was man unter einer zu bekämpfenden Konstruktionsjurisprudenz zu verstehen hat), so gewiß ist, daß seine ganze Darlegung innerlich unwahr ist, weil sie richtiges und unrichtiges zusammenwirft, weil seine Kritik hier wie überall das Kind mit dem Bade ausschüttet. Ja, ich habe den Eindruck, als ob Fuchs das, worauf es bei seinem Kampfe gegen die Konstruktionsjurisprudenz eigentlich ankommt, überhaupt nicht erfaßt hätte. Denn er bezeichnet unsere ganze Jurisprudenz als eine „rechtsnaturwidrige sophistische Begriffsknetungswissenschaft" und unsere ganze Rechtspflege als „juristischen Aberwitz", als „philologisch-juristische Begriffsstoffbändigung". Wenn nun aber wirklich die ganze Arbeit und das ganze Streben der heutigen Juristen lediglich „gemeinschädlich" ist, so verstehe ich nicht, daß er sich nicht ein Gewissen daraus macht, an dieser Tätigkeit noch ferner teilzunehmen. Ist er im Rechte, so müßte er doch schleunigst seinen Anwaltsberuf aufgeben, durch den er an unserer Rechtspflege seinerseits aktiven Anteil nimmt,[1] und den er durchaus nicht in anderer Weise ausübt, als seine Kollegen.

---

[1] Vgl. oben S. 38.

Keine Rechtsprechung ist denkbar ohne Gesetzesauslegung und ohne juristische Konstruktion, ebenso wie keine praktische Betätigung der Heilkunde ohne Diagnose. Denn juristische Konstruktion (in weiterem Sinne) ist nichts anderes als juristische Beurteilung, Unterwerfung des Tatsachenmaterials unter den zutreffenden juristischen Gesichtspunkt, Anwendung des Rechts auf den einzelnen Fall und die konkreten Verhältnisse. Auch wenn das Schweizer Zivilgesetzbuch und die österreichische Prozeßordnung nach dem Fuchsschen Gesetzesvorschlage in Deutschland eingeführt würden, müßte ihre Anwendung im Einzelfalle immer im Wege der juristischen Konstruktion erfolgen. Wenn ein Kläger auf Grund des Art. 28 des Schweizer Zivilgesetzbuchs auf Beseitigung der Störung (Abs. 1) und auf Schadenersatzanspruch (Abs. 2) klagt, so wird er zur Begründung der Klage darlegen müssen, daß der Beklagte durch sein Verhalten „seine (des Klägers) persönlichen Verhältnisse unbefugterweise verletzt" hat, und daß einer der Fälle vorliegt, in welchen das Gesetz die Leistung einer Geldentschädigung als Genugtuung zuläßt. Schon jetzt werden darüber Zweifel geäußert, wie sich der Art. 28 Abs. 2 zu dem Art. 55 des Schweizer Obligationenrechts verhält, ob die objektive Störung, die nach Art. 28 Abs. 1 zur Klage auf Beseitigung der Störung genügt, auch für die Fälle des Abs. 2 ausreicht, oder ob hier für den Schadenersatzanspruch Verschulden erfordert ist. Die Entscheidung im Einzelfalle muß im Wege juristischer Konstruktion gefunden werden. Das Schweizer Zivilgesetzbuch unterscheidet, wie es (ich sage: leider) auch das BGB. tut, zwischen Miteigentum und Gesamteigentum (§§ 646, 652). Ich glaube nicht, daß diese Begriffe „jungen Architekten" ohne weiteres verständlich sind. Die Schweizerische „Begriffsknetungswissenschaft" wird sie dem richtigen Verständnis erschließen müssen. Erhebt derjenige, zu dessen Gunsten über eine Sache verfügt ist, Anspruch auf ihr angebliches Zugehör, so muß im Bestreitungsfalle geprüft und entschieden werden, ob das In-Anspruch-genommene unter den gesetzlichen Begriff „Zugehör" fällt (vgl. § 644). Dies kann wieder nur unter Berücksichtigung der Ortssitte oder der Willensauslegung im Wege juristischer Konstruktion geschehen. Wer dem Juristen die Konstruktion schlechthin verbieten will, der verbietet ihm überhaupt zu denken. Auch Fuchs konstruiert bei seinen Kritiken unausgesetzt und, wie wir gesehen haben, (vgl. oben S. 73) mitunter recht falsch.

Berechtigt sind die Anklagen von Fuchs gegen die „Konstruktionsjurisprudenz" aber insofern, als sie sich gegen die falsche und als sie sich gegen die willkürliche juristische Konstruktion richten. Berechtigt sind sie auch insofern, als jede juristische Konstruktion, welche nicht den Schwerpunkt in die Beurteilung der gegebenen Tatsachen legt, welche lediglich auf abstrakten juristischen Lehrsätzen die Entscheidung aufbaut, notwendig zu einem lebensunwahren Resultat führen muß. In diesem Sinne wird auch in den Beratungen meines Senats mitunter von „Juristenurteilen", von „Konstruktionsurteilen" gesprochen. Ich habe hier namentlich solche Urteile im Auge, welche in den Entscheidungsgründen eine Reihe von zweifellos richtigen, aus der Rechtsprechung oder aus Kommentaren entnommenen allgemeinen Rechtsgrundsätzen anführen, während diese Rechtsgrundsätze in keiner Weise auf den konkret zur Entscheidung stehenden Fall passen.

Die falsche juristische Konstruktion wird in der Regel zu einer sachlich falschen Entscheidung führen. Solche „Fehlsprüche" werden bei der Unvollkommenheit aller menschlichen Tätigkeit nie ganz aus der Welt geschafft werden können. Sie sind der falschen ärztlichen Diagnose vergleichbar. Wie viele falsche Diagnosen würden unausgesetzt „festgestellt" werden können, wenn es in der praktischen Medizin eine ähnliche Einrichtung gäbe, wie wir sie in unserem Rechtsmittelsystem haben! Wer (wie ich in meiner Jugend) lange Leidensjahre einer chronischen Erkrankung durchzumachen hatte, der kann ein Lied davon singen, wie verschieden die Urteile der „Autoritäten" über Ursache und Behandlung einer nicht ganz einfachen Krankheitserscheinung ausfallen. Und die Interessen, die hier auf dem Spiele stehen, sind doch die allerwichtigsten: Leben, Beruf, Gesundheit. „Arme Frau! armes Kind! armer Jüngling! armer Mann!" — die unter das „Räderwerk" verkehrter ärztlicher Behandlung geraten! Darf man aber wegen derartiger, vielleicht recht häufiger Einzelfälle die ganze praktische Medizin als „gemeinschädlich" verdammen?

Nicht weniger gefährlich als die direkt falsche juristische Konstruktion ist die „willkürliche", d. h. diejenige, welche Dinge in den einzelnen Fall hineinkonstruiert, die gar nicht vorliegen, um zu einem a priori gefundenen Ergebnisse zu gelangen. Auch hierin wird m. E. in der Praxis vielfach gesündigt, besonders geschieht dies bei der Auslegung von Willenserklärungen. Was alles sollen die Parteien „stillschweigend gewollt" und gedacht haben! Zu ihrem größten Erstaunen erfahren sie oft erst aus den Entscheidungsgründen, was für einen merkwürdigen, ihnen völlig unbekannten „Willen" sie gehabt haben. Ich habe hierauf schon in anderem Zusammenhang hingewiesen. Ein Beispiel aus der jüngsten Rechtsprechung bietet das durch die Entscheidung des Reichsgerichts I 431/6/08 vom 24. April 1909 aufgehobene Urteil eines Oberlandesgerichts.[1] Auch die Konstruktion, welche Fuchs einer „wenigstens kryptosoziologischen" Rechtsprechung in dem oben erörterten Falle (S. 73 ff) zumutet, die Zustimmung des Ehemannes zur Klagerhebung der Frau als eine „Zession" aufzufassen, hätte ich niemals mitgemacht.[2] Solche „willkürlichen" Konstruktionen sind für den juristischen Praktiker oft bequem; die Versuchung zu ihnen zu greifen, ist häufig eine naheliegende. Nur durch strenge Gewissenhaftigkeit und Selbstkontrolle können sie vermieden werden.

Beachtenswert halte ich die Fuchssche Kritik endlich insofern, als Fuchs in allen seinen Besprechungen, mögen sie nun richtig sein oder nicht, auf die Würdigung der Tatsachen den entscheidenden Schwerpunkt legt. „Tatsachenjurisprudenz, nicht Begriffsjurisprudenz" hat schon Jhering gefordert. Diese Richtung wird sich, wie im Eingange dieser Betrachtungen hervorgehoben wurde, immer mehr in der Rechtsprechung durchsetzen (vgl. oben S. 5 ff.). Sie entspricht einer wahrhaft modernen Auffassung und diesen Modernismus wollen wir rückhaltlos anerkennen. Er wird auch für die weitere Entwicklung unserer Rechtswissenschaft maßgebend sein. Die juristische Konstruktion an sich ist nicht schädlich oder gar „gemeinschädlich". Wie jede Wissenschaft, so bedarf auch die juristische ihrer technischen Begriffe.[3] Der größte Soziologe, der Gesetzgeber, muß sich ihrer ebenso bedienen, wie der bescheidene Amtsrichter, welcher das Gesetz auf den ihm vorgetragenen Fall anwendet. Aber die juristische Konstruktion ist nicht Selbstzweck; sie ist nur Methode zur richtigen Erfassung der Tatsachen oder, wie man es auch ausgedrückt hat, zur Ausschöpfung ihres rechtlichen Gehalts. Das praktische Leben ist das Arbeitsgebiet der Jurisprudenz. Sie

[1] Vgl. Leipziger Zeitschrift für Handelsrecht usw., 1909 S. 686 Nr. 6.

[2] M. E. konnte man schon auf Grund der §§ 249 BGB., 287 ZPO. zu einer der Klägerin günstigen Entscheidung gelangen, ohne daß die Eigenschaft der Frau als Ehefrau überhaupt in Betracht kam.

[3] Vgl. Sohm, Deutsche Juristenzeitung 1909 S. 1019 ff.

ist eine praktische Wissenschaft und ihre ganze Existenzberechtigung liegt nur darin, daß sie dem praktischen Bedürfnis, dem Rechtsleben und der Rechtspflege, dient. Ich verweise auf den trefflichen Wahrspruch, den sich Strohal in der Festnummer der Deutschen Juristenzeitung zum Jubiläum der Leipziger Universität gewählt hat[1]: „Ohne klare Vorstellung von der praktischen Funktion der Rechtssätze gibt es keine fruchtbare Jurisprudenz. Die Ermittlung von Rechtswahrheiten für den luftleeren Raum bringt uns nicht weiter."

VIII.

Schlußwort.

Wie ich mir hiernach die weitere Entwicklung unseres Rechtslebens denke, ist aus den vorstehenden Ausführungen zu entnehmen. Es ist aber eine undankbare und gefährliche Aufgabe, Prophet zu sein, und ich will deshalb lieber bei der Gegenwart bleiben. Uns deutschen Richtern erwächst in den Kämpfen und Strömungen unserer Tage, die hohe und überaus wichtige Aufgabe, an der praktischen Ausgestaltung des Rechts den modernen Bedürfnissen entsprechend nach besten Kräften mitzuarbeiten. Ob wir uns dabei „Soziologen" nennen und als „Soziologen" fühlen, oder uns damit begnügen, verständige Männer zu sein, die der Welt und den Dingen mit offenem Auge gegenübertreten, ist schließlich einerlei. Es ist gewiß etwas Wahres daran, wenn Brodmann in seinem gedankenreichen Aufsatze „vom Wesen und Begriff des Rechts"[2] zu dem Resultat gelangt: „Zurück können wir nicht. Die Zeiten einer kunstlosen Rechtsprechung aus unbefangenem Gemüte und aus einem von keinem Denken angekränkelten Gefühl sind vorüber. Wer das nicht glaubt und solches hofft, ist, so modern er sich dünken und sich gebärden mag, ein Rückschrittler." Trotz eines Rousseau ist die menschliche Kultur immer komplizierter geworden. Es ist aber doch etwas gefährlich, den Teufel durch Beelzebub austreiben zu wollen, und Brodmann selbst

[1] Vgl. Deutsche Juristenzeitung 1909 S. 1033.
[2] Iherings Jahrbücher Bd. 55 S. 277ff.

sieht sich zu der berechtigten Einschränkung veranlaßt, daß er nicht Vermehrung des Wissens verlange, sondern Vertiefung. Wir wollen uns bei aller Wissenschaftlichkeit die Einfachheit und Natürlichkeit des Denkens und Empfindens nicht rauben lassen. Ich fasse die Summe meiner Weisheit — die mir auch die Quintessenz der Fuchsschen Weisheit zu sein scheint — in ein Wort meines hochverehrten früheren Senatspräsidenten Dr. Bolze zusammen:

Das Urteil soll gerecht sein und verständig.

Lehrbuch des Handelsrechts.

Von

Dr. Karl Lehmann,

o. ö. Professor der Rechte an der Universität Rostock.

gr. 8. 1908. geh. 20 ℳ, geb. 21 ℳ 50 ₰.

Mit der Besprechung nicht eines handelstechnischen, sondern eines handelsrechtlichen Werkes sei der Bericht geschlossen. Seit Anfang 1908 liegt das in Lieferungen ausgegebene Lehrbuch des Handelsrechts von Dr. Karl Lehmann, Professor der Rechte in Rostock, abgeschlossen vor, eine literarische Leistung, die, wenn es für handelsrechtliche Forschungen Nobelpreise gäbe, dieser Auszeichnung würdig wäre. Das Buch ist das Ergebnis einer Lebensarbeit. Was das Werk kennzeichnet, ist die innere, sichere Verbindung von Handelsrechtsgeschichte und Handelsrechtsdogmatik und dann die konstruktive Zusammenschweißung der landes- und der seehandelsrechtlichen Institute.

Professor Dr. Hermann Rehm
(Straßburg i. E.)
(Frankfurter Zeitung 1909 Nr. 17.)

Die Handelsgesetzgebung des Deutschen Reiches.

Handelsgesetzbuch vom 10. Mai 1897 einschließlich des Seerechtes. — Wechselordnung vom 3. Juni 1908. — Die ergänzenden Reichsgesetze. — Die bundesstaatlichen Ausführungsgesetze und Verordnungen zum Handelsgesetzbuche.

Mit ausführlichem Sachregister

herausgegeben von

Dr. Emil Friedberg,

Königl. Sächs. Geheimer Rat und o. ö. Prof. der Rechte an der Univ. Leipzig.

Neunte Auflage.

8. 1908. geb. in Ganzleinen 7 ℳ.

Vollständigkeit und Zuverlässigkeit und ein äußerst mäßiger Preis haben diese Sammlung der handelsrechtlichen Gesetze zu der in juristischen und kaufmännischen Kreisen beliebtesten und auch verbreitetsten gemacht.

Druck von Metzger & Wittig in Leipzig.

FSC
www.fsc.org
MIX
Papier | Fördert gute Waldnutzung
FSC® C083411

Kolibri 360 GmbH
Ferdinand-Jühlke-Straße 7
99095 Erfurt, Deutschland
produktsicherheit@kolibri360.de